D0363505

# Spotlight on
# GERMAN

Other titles in this series

**Spotlight on French**
**Spotlight on Italian**
**Spotlight on Spanish**

Editor Paul Hartley
Senior Lecturer in German, Wolverhampton Polytechnic

# Spotlight on
# GERMAN
Life and language in Germany today

**Pan Books** London and Sydney
in association with **Heinemann Educational Books**

First published in 1981 by Pan Books Ltd,
Cavaye Place, London SW10 9PG
in association with Heinemann Educational Books Ltd,
2 3 4 5 6 7 8 9
ISBN 0 330 26471 0
© Paul Hartley 1981

Printed and bound in Great Britain by
Richard Clay (The Chaucer Press) Ltd, Bungay, Suffolk

# Contents

# Introduction

This book is for anyone interested in Germany, Germans and the German language. It is particularly intended for those studying German either in class or on their own, who have reached 'O' level or equivalent standard and who want to extend their vocabulary and gain an understanding of contemporary life in Germany. Extracts from newspapers, magazines, novels and other publications including advertisements and cartoons cover various aspects of German life. The book can be read just for enjoyment or used in conjunction with existing courses.

If you are reading on your own it is important to remember that it is often possible to understand the text without constant reference to the dictionary: do not forgo the pleasure of uninterrupted reading if you can. The meaning of individual words will in many cases emerge from the general context of a sentence or paragraph, and further clues can often be gathered from titles or pictures. Background notes are given where necessary, together with the explanation of words infrequently used or employed in an unusual way.

Here are some suggestions on how to exploit the extracts for classroom use:
- Reading practice
- Gist comprehension: listening for key words to get the general sense of the text. The student can then try to render the gist of it orally.
- Oral and/or written translation
- Dictation, either unseen or after reading and translating the text
- Short oral and/or written summary of the passages
- Essay writing, using the topic of a passage as a theme, and the text as a source of key vocabulary
- Composition, using an item (for example an advertisement)

as a model for the production of a similar one on a different subject

- Answering questions about the text. This could be an oral activity, or the students could answer a set of written questions after listening to a passage read by the teacher or by another student. Even cartoons could be exploited in this way, by discussing or asking questions about the clothing, physical appearance, and so on, of the people in them and about what they are doing. For example, some of the questions about the cartoon on page 36 could be: *Was tut der erste Mann? Wo sitzt er? Wer bedient ihn? Warum ist die Dame in dem letzten Bild ins Restaurant gegangen? Warum ist sie jetzt so überrascht?* and so on. The conversation could then be carried on at a more personal level, *Haben Sie einen Freund/eine Freundin? Wie haben Sie ihn/sie kennengelernt? Wie lange kennen Sie ihn/sie schon?*

Different items may suggest a particular way of exploitation. For variety, and in order to maintain interest, it may be advisable to change the way in which the extracts are exploited. In class, the teacher should vary the emphasis and the time spent on the different extracts according to their nature or the degree of interest they arouse in the students.

It is hoped that the extracts chosen will give you enjoyment, increase your knowledge of the German language and your understanding of German life, and encourage you to continue reading newspapers, magazines and novels in German.

P. D. Hartley

**Acknowledgements**   The publishers wish to thank all those who have provided copyright material. In some cases it has not been possible to trace the owner of the copyright and the publishers would be grateful to receive any relevant information. The publisners would also like to thank:

Heinrich Bauer Verlag for the articles from *Quick*; Burda GmbH for the articles from *Bunte* and *Freizeit Revue*; Süddeutscher Verlag for the weather report from *Süddeutsche Zeitung*; Aufstieg Verlag for the item from *Böhmische Küche*; Hayo Folkerts GmbH for the advertisement for Galama; Erwin Hagen for the advertisement for Harpagosan; the Städtische Kurverwaltung, Bad Münder, for their advertisement; the Werbeamt der Deutschen Bundesbahn for the material on rail travel; Bürofachhandel und Büroorganisation G. Pfannkuch for their advertisment; Gruner & Jahr AG & Co for the cartoons from *Brigitte*.

# 1 Alltägliches

## Energie sparen — aber wie?

### So werden Tropfen zu klingender Münze

Warmes Wasser, direkt aus der Leitung, ist ein Luxus, den sich nur ein geringer Prozentsatz der Weltbevölkerung leisten kann. Für uns ist das Leben ohne diesen Komfort kaum denkbar. In der Bundesrepublik verbrauchen wir — je nach Haushaltsgröße — täglich zwischen 40 und 150 Liter warmes Wasser.

Wenn nun ein Warmwasserhahn zehnmal in der Minute tropft, dann sind das rund 2000 Liter im Jahr, die an Energiewert für die Aufheizung bis zu 20 Mark kosten. Und wenn dies nur in jedem vierten Haushalt der Fall wäre, müßte allein dafür ein großes Kraftwerk arbeiten.

Dieses Beispiel zeigt deutlich, warum man ein Vollbad gelegentlich durch ein Duschbad ersetzen sollte, denn es braucht nur ein Drittel der Heizenergie; ganz zu schweigen von der Kostenersparnis für Wasser und Abwasser. Wer für Dusch- und Badewasser Heißwasserbereiter benutzt, sollte die Wählschalter nach Gebrauchsanweisung ◊ benutzen, damit das Wasser nicht übermäßig erhitzt wird, sondern gleich die erforderliche Mischtemperatur hat. Wichtig ist auch, den
◊ Kalksteinansatz laufend überprüfen und entfernen zu lassen, denn dieser wird miterhitzt und ist ein Energiefresser, solange er im Gerät ist.

### Planen Sie die große Wäsche

Die Waschmaschine ist wegen ihrer großen Heizleistung nicht gerade ein Energiesparer. Deshalb sollte man beim Umgang mit diesem Gerät alle Möglichkeiten der rationellen Arbeitsweise nutzen. Waschen Sie also nicht „mal eben" so zwischendurch, sondern planen Sie ganze Waschtage ein. Sortieren Sie die Wäsche nach Koch-, Bunt- und Feinwäsche und achten Sie darauf, daß bei jedem Waschgang das Fassungsvermögen der Maschine voll ausgenutzt wird. Denn die Maschine verbraucht immer die gleiche Menge Energie, egal, ob sie nun voll oder halb beladen ist. Die Geld- und Energieersparnis kann dann glatte 100 Prozent betragen. Bei nur

11

leicht verschmutzter Wäsche können Sie die Vorwäsche auslassen. Das bringt eine Stromersparnis bis zu immerhin 15 Prozent.

Beim Einsatz eines Wäschetrockners kommt es darauf an, daß die
◊ Wäsche vorher gründlich geschleudert wurde, daß das Gerät an einem trockenen und luftigen Platz steht, daß die Abluftführung direkt ins Freie geht und daß der Füllraum — sortiert nach der Trocknungszeit der verschiedenen Gewebe — voll ausgenutzt wird.

Auch beim Bügeln, mit dem Eisen oder der Maschine, können Sie Energie sparen. Die Bügelwäsche darf nicht zu feucht, aber auch nicht zu trocken sein. Denn zu feuchte oder zu trockene Wäsche erfordert längere Bügelzeiten, also höheren Stromverbrauch. Es genügt auch nicht, das Gerät oder Bügeleisen einfach auf „Aus" zu stellen, wenn man mit der Arbeit fertig ist oder eine Pause einlegen möchte. Der Netzstecker muß immer gezogen werden, und zwar so rechtzeitig, daß man mit der Restwärme des Bügeleisens noch ein paar Teile plätten kann.

## Elektrische Beleuchtung muß stimmen

Oft ist es möglich, mit Lampen geringerer Wattleistung eine höhere Lichtausbeute zu erzielen. Darüber läßt man sich am besten beim Einkauf von einem Elektro-Installateur beraten. Aber auch wenn man darauf achtet, immer das Licht auszuknipsen, wenn es nicht benötigt wird und das Tageslicht als Beleuchtung für Arbeiten wählt, die man am Abend zu tun gewohnt ist, lassen sich, über längere Zeiträume gesehen, viele Kilowattstunden sparen.

**Frau im Spiegel**

*Wählschalter*  (temperature) control
  switch
*Kalksteinansatz*  calcium deposit
*Koch- Bunt- und Feinwäsche*  whites,
  coloureds and delicates
*schleudern*  to spin dry

## Kartoffelsalat

*1000 g Kartoffeln, Salz, Pfeffer, Öl, Essig, 1 feingehackte Zwiebel, etwas Fleischbrühe oder Wasser.*

Für Kartoffelsalat eignen sich am besten speckige Kartoffeln. Die Kartoffeln waschen, putzen, in der Schale kochen, schälen, in dünne Scheiben schneiden und mit heißer Brühe oder heißem Wasser und den anderen Zutaten vermengen. Dann 1—2 Stunden ziehen lassen und abschmecken.

**Böhmische Küche**

„Herr Ober, wie lange soll ich hier eigentlich noch auf mein Essen warten? Das dauert ja eine Ewigkeit!" Kommt der Wirt und fragt: „Bei wem haben Sie denn bestellt? Bei dem weißhaarigen Kellner dort?" – „Kann schon sein", nörgelt der Gast, „nur als ich meine Bestellung aufgab, war er noch blond!"

**Das neue Blatt**

### Unsere Kinder essen dauernd Pommes frites

„Unsere Kinder essen gerne Pommes frites am Schnellimbiß. Können wir das erlauben?"

Solange solche Sachen nicht zum Hauptnahrungsmittel werden, ist dagegen nichts einzuwenden. Bei vielen Kindern wird diese Imbißbeköstigung (Frites, Chips, Cola) aber leicht zu einer einseitigen und damit gefährlichen Angewohnheit. Da sollte gebremst werden. Bedenklich ist auch, wenn beim Fritieren überhitztes oder altes Fett benutzt wird.

**Das neue Blatt**

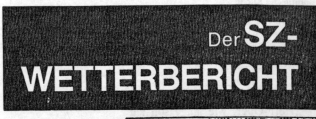

# Der SZ-WETTERBERICHT

Wetteramt München
Wettervorhersage
für 10. Aus. 07:00

Warmfront am Boden — Kaltfront in der Höhe
Okklusion, ☰ Niederschlagsgebiet, Temp. in C-Grad
warme ➡ kalte Luftströmung, Luftdruck in Millibar
H = barometrisches Hoch-, T = Tiefdruckgebiet

● Regen ♪ Nieseln ✳ Schnee
☰ Nebel ▽ Schauer ⚡ Gewitter

**Wetterlage:** Randstörungen eines umfangreichen Tiefdrucksystems über Nordwesteuropa und dem Nordmeer ziehen in rascher Folge über Mitteleuropa hinweg nach Osten.

## für Freitag und Samstag

### Südbayern

Meist stark bewölkt und zeitweise Regen, dazwischen nur kurze Wolkenauflockerungen. Tagestemperaturen 17 bis 21 Grad. Lebhafter, in Böen starker Wind aus Südwest bis West.

### Alpengebiet

Stark bewölkt oder bedeckt mit zum Teil länger anhaltenden Regenfällen, Berge eingehüllt. Höchsttemperaturen 15 bis 19, in 2000 m um 7 Grad. Auf den Bergen stürmischer Westwind.

### Nordbayern

Nach Durchzug eines Regengebiets überwiegend starke Bewölkung mit einzelnen Schauern. Später kurzdauernde Zwischenaufheiterungen. ◊ Tagestemperaturen um 20, Tiefstwerte 14 bis 10 Grad. Mäßiger, zeitweise frischer Wind aus Südwest bis West.

### Rhein-Main-Gebiet

Anfangs gebietsweise Regen, dann bei rasch wechselnder Bewölkung wiederholt Schauer. Tiefsttemperaturen um 13, Höchstwerte 16 bis 20, im Bergland um 14 Grad. Zeitweise bölg auffrischender Wind aus Süd bis Südwest.

### Deutsches Küstengebiet

Übergang zu wechselnder Bewölkung mit einzelnen Schauern. Nur kurzdauernde Zwischenaufheiterungen.

### 5-Tage-Vorhersage

Nur kurzdauernde Besserungsab- ◊ schnitte, meist aber starke Bewölkung mit wiederholten, zum Teil auch länger anhaltenden Regenfällen. Tagestemperaturen 14 bis 19 Grad.

**Süddeutsche Zeitung**

*Zwischenaufheiterungen*  clear intervals
*Besserungsabschnitte*  spells of clearer weather

# SO GUT GING ES UNS

## Deutschland

Die Familie: Der Busfahrer der „Hagener Stra-
ßenbahn AG", Alfons Schimmelpfennig (35),
Frau Helga (35) und die beiden Söhne Thomas
(14) und Martin (13) aus Hagen-Böhlerheide. Sie
wohnen zur Miete, besitzen einen Opel Kadett.
Ihre Situation: „Bestens! So gut ging es uns
noch nie. Das liegt daran, daß einmal das Ein-
kommen gewachsen ist und daß die größten Anschaffungen gemacht sind. Sicher geht es uns
besser als den meisten vergleichbaren Familien
in unseren Nachbarländern." Angst vor Arbeitslosigkeit oder Inflation hat die Familie nicht.

## Großbritannien

Die Familie: Der Busfahrer der „Greater Manchester Transport", David Reddish (32), Frau
Margaret Ann (28) und die beiden Söhne Mark
(5) und John (acht Monate) aus Manchester. Sie
wohnen im eigenen Reihenhaus, haben einen
Ford Cortina Mk 3. Ihre Situation: „Deutlich
schlechter, seit unser zweiter Sohn geboren
wurde. Größere Anschaffungen sind nicht mehr
drin. Wir sparen am Urlaub und an der Kleidung.
Lebensmittel auf Vorrat kaufen – dafür haben wir
nicht genug Geld." Ihre größte Sorge bei den
vielen Streiks: die düstere Zukunft der Kinder.

# DEUTSCHEN NOCH NIE

# Österreich

Die Familie: Der Busfahrer der „Elektrizitätsfernwärme- und Verkehrsbetriebe AG", Linie 25, Johann Anzinger (39), Frau Anna (36), Sohn Andreas (16), Tochter Bettina (11) aus Linz. Sie wohnen zur Miete, haben einen Audi 80. Der Sohn, der eine kaufmännische Lehre macht, hat ein Motorrad. Ihre Situation: „Uns geht es wirklich gut!" Die Glücklichen wissen nicht mal, wie teuer die Heizung im letzten Winter war. Sie ist einfach mit der unveränderten Miete abgegol- ◊ ten. Noch etwas Schönes: Der Fahrer ist seit zehn Jahren bei der Firma und damit unkündbar.

# Schweiz

Die Familie: Der Fahrer der „Busbetriebe Solothurn", Linie 1, Peter Sieber (30), Frau Susanne (30) und die beiden Söhne Markus (10) und Roger (9) in Zuchwil bei Solothurn. Sie wohnen zur Miete, haben einen Volvo 144. Ihre Situation: „Bestens! Wir sind sehr, sehr zufrieden." Dazu haben sie auch allen Grund. Sie haben keine Angst vor Arbeitslosigkeit und Inflation. Sie haben bei höchstem Lohn den niedrigsten Steuersatz. Weil der Fahrer wöchentlich vier Überstunden macht, bekommt er zu den drei Wochen Urlaub noch mal 61 Tage Freizeit dazu.

**Neue Revue**

---

*AG=Aktiengesellschaft* limited company
*einen Opel Kadett* masculine by analogy
  with 'Wagen'
*abgegolten* paid for (in the rent)

# Ankreuzen und mitmachen:
# Checkliste zum Schulanfang

Für mehr als 800 000 Jungen und Mädchen beginnt in ein paar Wochen der sogenannte Ernst des Lebens – die Schulzeit.

Jetzt, wenn die meisten Bundesländer noch Sommerferien haben, ist die Gelegenheit günstig, den täglichen Weg zur Schule in Ruhe zu trainieren. Der ADAC möchte den Eltern dabei helfen: Die Checkliste enthält die 10 wichtigsten Voraussetzungen dafür, daß Ihr Sohn oder ihre Tochter sicher zur Schule und sicher nach Hause kommt. Vielleicht haben Sie Ihrem Kind schon die eine oder andere Fähigkeit beibringen können. Dann können Sie diese Punkte als »erledigt« abhaken. Alle anderen müssen intensiv geübt werden – so lange, bis Sie guten Gewissens ein Kreuz in das betreffende Feld setzen können:

- Machen Sie das richtige Verhalten immer deutlich vor
- Erklären Sie dabei, was Sie tun und warum Sie es so machen
- Sparen Sie nicht mit Lob
- Üben Sie nur, wenn Ihr Kind Lust dazu hat
- Machen Sie's kurz und üben Sie dafür lieber öfter.

Schlußpunkt Ihres Schulwegtrainings sollte der »Führungswechsel« sein: Lassen Sie sich von Ihrem Kind an der Hand nehmen und ein paarmal über die Straße bringen. Das macht Spaß und bringt Sicherheit.

»Schulwegtraining schützt« heißt ein großes Foto-Poster, in dem der ADAC die wichtigsten Erziehungsschritte bis zum ersten Alleingang anschaulich beschreibt. Die nächste ADAC-Geschäftsstelle hält es kostenlos für Sie bereit.

**ADAC-Motorwelt**

*ADAC=Allgemeiner Deutscher Automobil Club* the equivalent of the AA or RAC
*abhaken* cross off

2098101

| | JA |
|---|:---:|
| Unser Kind kann Entfernungen richtig einschätzen und hat ein Gefühl dafür, wie schnell sich ein Fahrzeug nähert | ○ |
| Es kennt die Bedeutung der Ampelfarben und der Zeichen des Verkehrspolizisten und kann die Druckknopfampel bedienen | ○ |
| Es hält am Bordstein immer an | ○ |
| Es schaut vor Betreten der Fahrbahn erst nach links und dann nach rechts | ○ |
| Es sucht vor dem Überqueren die Blickverbindung mit den Fahrzeuglenkern | ○ |
| Es vergißt nicht, seine Absicht durch Handzeichen deutlich zu machen (besonders gegenüber Rechtsabbiegern) | ○ |
| Es überquert die Straße immer auf dem kürzesten Weg | ○ |
| Wenn es zwischen parkenden Autos die Straße überqueren muß, hält es an der Sichtlinie nochmals an und schaut, ob die Fahrbahn frei ist | ○ |
| Es weiß, daß der kürzeste Weg nicht immer der sicherste ist. Es sucht sich deshalb Zebrastreifen, Fußgängerampeln oder Unter- bzw. Überführungen aus | ○ |
| Unser Kind kennt seinen künftigen Schulweg in- und auswendig | ○ |

ADAC-Motorwelt

438

*Es sucht . . . Fahrzeuglenkern*  he makes
sure that the drivers have seen him
before he crosses

19

Der kleine Maxl hat seinen ersten Schultag. Nach der Schule fragt ihn seine Mutter, wie es ihm gefallen habe. „Na ja", sagt Maxl, „es geht, aber wir sind leider nicht fertig geworden und müssen morgen noch mal hin!"

**Das neue Blatt**

# GLÜCK
# IM GRÜNEN

Ein kleines Haus sollte es sein, mitten im Grünen, möglichst in der Nähe des Arbeitsplatzes und zusätzlich mit Garten und netten Nachbarn. Von solchem Glück im Grünen träumen viele, aber nur 40 Prozent der befragten Bürger wohnen in Einfamilienhäusern – oben ein Haus mit rustikalem Dachgeschoß. Dies bedeutet freilich nicht, daß sich die übrigen unglücklich fühlen. In Wohnblocks und Mehrfamilienhäusern fühlen sich 38 Prozent „sehr wohl", und 48 Prozent bringen es immerhin noch zu einem „Es geht". Selbst im vielgeschmähten Hochhaus fühlen sich nur fünfzehn Prozent überhaupt nicht wohl. Die meisten aber zieht es aufs Land; die Großstädte werden langsam, aber stetig kleiner. Und diese Stadtflucht wird so leicht nicht zu bremsen sein, denn rund 70 Prozent der befragten Bürger lockt es in eine Gegend mit viel Sonne und Grün, aber wenig Lärm.

**Scala**

*Stadtflucht* movement of the population out of the cities

# Kontrolle der Einkaufstasche – ist das erlaubt?

**Der Fall:** Frau X steht im Supermarkt in der Schlange vor der Registrierkasse. Da erscheint plötzlich der Hausdetektiv und fordert alle in der Schlange stehenden Kunden höflich, aber unmißverständlich auf, die Hand- und Einkaufstaschen zu öffnen und vorzuzeigen. Frau X und den anderen Kunden wird erklärt, daß es sich um eine stichprobenartige Kontrolle handele, weil im Supermarkt soviel gestohlen wird. Frau X ist empört, daß in ihrer Handtasche das Innerste nach außen gekehrt wird. Muß sie sich diese Kontrolle widerspruchslos gefallen lassen?

## Der Geschäftsführer ist kein Polizist

Nach dem Strafgesetzbuch und dem Bürgerlichen Gesetzbuch dürfen Privatpersonen – in diesem Falle also der Geschäftsführer oder Hausdetektiv – nur dann jemanden bis zum Eintreffen der Polizei festhalten, wenn sie ihn auf frischer Tat ertappt haben. Eine Durchsuchung ist nicht erlaubt. Sie können aber die Tasche wegnehmen, in der sich das Diebesgut befindet. Wenn man Sie nur verdächtigt, ohne einen Beweis zu haben, brauchen Sie Ihre Tasche nicht zu öffnen, und man darf Sie auch nicht festhalten. Wenn Ihre Taschen gegen Ihren Willen durchsucht werden, so können Sie das als Beleidigung auffassen.

**Brigitte**

*stichprobenartige Kontrolle* spot check

# 2 Gesundheit!

„Wenn er den Briefträger gebissen hat, putzt er sich stets nachher die Zähne!"

Rudi Fäcke, **Das neue Blatt**

# Wenn Kinder den Zahnarzt fürchten

Fast jedes Kind hat Angst vor dem Zahnarzt. Nicht selten sind die Eltern daran schuld. Der häufigste Fehler: Sie erzählen vor den Ohren ihrer Kinder ihre eigenen schmerzhaften Erlebnisse oder laufen nach einer Behandlung noch stundenlang mit schiefem Mund und Trauermiene herum. Die Folge: In der kindlichen Phantasie wird der Zahnarzt zum Bösewicht, der Menschen quält und foltert.

Hier einige Tips, wie man Kinder problemlos auf den Zahnarztbesuch vorbereiten und

Zeichnung: Gerlind Bruhn

## Mit einem Spielzeug im Arm ist ein Kind ruhiger

ihnen die Angst nehmen kann:
● Gehen Sie nicht erst zum Zahnarzt, wenn Ihr Kind Schmerzen oder Löcher in den Zähnen hat, sondern lassen Sie seine Zähne vom zweiten Lebensjahr an regelmäßig viermal im Jahr untersuchen. Eine eventuelle Behandlung bereitet dann nur wenig Schmerzen.
● Spielen Sie vor dem Besuch mit Ihrem Kind zu Hause Zahnarzt. Zeigen Sie ihm, was in der Praxis geschieht: Das Kind soll sich auf einen großen Stuhl setzen und den Mund weit aufmachen. Ein Wattestäbchen ersetzt bei diesem Spiel den Bohrer. Ahmen Sie das Bohrgeräusch nach. Anschließend darf Ihr Kind den Zahnarzt spielen. Lassen Sie es eine Puppe behandeln, die auch „Angst" hat.
● Bitten Sie Ihren Zahnarzt, daß Ihr Kind sich mal seine Praxis anschauen darf.
● Fragen Sie Ihr Kind niemals nach einer Behandlung: „Hat es sehr weh getan?" Dadurch verraten Sie nämlich Ihre eigene Angst, die sich auf das Kind überträgt. Loben Sie statt dessen seine Tapferkeit.

Quick

# Wie man Kinder
# vor gefährlichen
# Ansteckungen ◊
# schützt

Viele Eltern wissen ein Lied davon zu singen: Kaum hat ihr Kind
eine Infektion überstanden, bringt es schon die nächste aus der
Schule oder dem Kindergarten mit. Abc-Schützen sind dabei am ◊
meisten gefährdet.

Nach einer Untersuchung Hamburger Schulärzte bekommen im 1.
Schuljahr 19 Prozent der Kinder die Masern, 3,4 Prozent die
Windpocken, 3 Prozent Keuchhusten und 11 Prozent Mumps. Diese
Zahlen lassen sich nur verringern, wenn die Eltern versuchen, die
Infektionsgefahr für andere Kinder möglichst klein zu halten. Dabei
muß man eines beachten: Alles, was aus dem Zimmer des kranken
Kindes herauskommt – Geschirr, Wäsche, Spielzeug und die Eltern
selbst – kann mit den Krankheitserregern infiziert sein.

Natürlich kann man in einem normalen Haushalt nicht alles
desinfizieren. Es gibt jedoch ein paar Regeln, um die
Ansteckungsgefahr zu verringern. Sauberkeit heißt das oberste
Gebot. Nach jedem Kontakt mit dem kleinen Patienten die Hände
mit Seife und Bürste reinigen; bei der Pflege einen Schutzkittel
tragen, der im Krankenzimmer bleibt; im Zimmer des Kindes nicht
fegen, sondern Boden und Möbel feucht mit einem
Desinfektionsmittel abwischen; die Wäsche in Plastiktüten sammeln
und kochen; Eßgeschirr in einer desinfizierenden Lösung
vorwaschen, dann spülen.

Und nach überstandener Krankheit das ganze Zimmer mit
Desinfektionsmitteln und Spray reinigen.

**Fernsehwoche**

*Ansteckungen* infections
*Abc-Schützen* children in first year of school

## ZU DICK UND ZU VIELE ZIGARETTEN

Politiker haben es geschätzt: der Volkswirtschaft wird jährlich ein Schaden von 40 Milliarden Mark durch Krankheiten, die vermeidbar sind, zugefügt. Dabei spielt eine entscheidende Rolle, daß fast die Hälfte der Bevölkerung übergewichtig ist. Außerdem wird zuviel geraucht und zuviel Alkohol getrunken. Dementsprechend stehen Herz- und Kreislauferkrankungen an der Spitze der Todesursachen, noch vor Krebs und Verkehrsunfällen. Die medizinische Versorgung freilich ist gesichert: Eine umfangreiche Pharma-Industrie und 125 274 Ärzte stehen zur Verfügung. Im Durchschnitt betreut damit ein Arzt 490 Einwohner.

Scala

# Warum gehen bei Erkältung die Ohren zu?

Wir alle, Erwachsene und Kinder, bekommen Jahr für Jahr ein oder mehrere Male unseren Schnupfen. Nach der alten Regel „Drei Tage kommt und ebensolange geht er" haben wir eine Woche darunter zu leiden. Es bleibt aber nicht immer nur beim Schnupfen, oft treten auch Ohren-Komplikationen auf.

Plötzlich sind die Ohren zu, Druckgefühl mit wechselnden, leichten bis stechenden Schmerzen und Schwerhörigkeit treten auf.

Wenn bei einem Schnupfen die Schleimhäute anschwellen, schließen sich auch die Verbindungen zum Ohr, sie werden unterbrochen. Luftausgleich, der sonst bei jedem Schlucken eintritt, kann jetzt nicht mehr erfolgen, außerdem sammelt sich Sekret im

Mittelohr, die obigen Beschwerden kommen zum Schnupfen dazu. Es liegt ein Mittelohr-Katarrh vor. Nasentropfen und Kamilledampf-Inhalationen können die Beschwerden verschwinden lassen. Hilft diese Behandlung nicht, muß der Arzt die Ohrtrompete durchblasen ◊ oder durch einen Schnitt in das Trommelfell Entlastung nach außen schaffen.☐

**Neue Welt**

*Schleimhäute* mucous membranes
*Luftausgleich* equalization of pressure
*durch einen Schnitt in das Trommelfell* by
  making an incision in the ear-drum

# Mit Musik geht alles besser

Überreizte Nerven lassen sich ohne Rezepte und Pillen auf einfache Weise durch die richtige Art von Musik behandeln: Rhythmische Geigenmusik und die strengen Kompositionen der Klassiker entspannen, senken Herzschlag, Blutdruck, Hauttemperatur und Grundumsatz. Blasmusik und temperamentvoller Beat regen hingegen die unbewußten Nerven an, richten sie auf Leistung und Aktivität aus. Für Nervöse sind Orgelstücke, Volkslieder, Kirchenmusik und Chöre deshalb das Richtige. Müde und Antriebsschwache sollten sich dagegen häufiger einmal den Marsch blasen lassen.

**Frau im Spiegel**

# Nikotin

„Rauchen ist absolut gesundheitsschädlich." Das hat die Bundesregierung im Bundestag erklärt. Diese Erklärung stützt sich auf intensive Forschungen in aller Welt. Unwiderleglich haben viele Untersuchungen ergeben: Den Genuß ohne Reue, wie ihn die Zigarettenwerbung propagierte, gibt es nicht. Das Gesundheitsministerium kann aufzählen:

- **mehr Menschen sterben pro Jahr an Lungenkrebs als im Straßenverkehr,**
- **1972 zum Beispiel sind wahrscheinlich insgesamt 140 000 Menschen in der Bundesrepublik gestorben, „weil sie rauchten". Das ist jeder Fünfte, der in diesem Jahr starb.**

Jeder Raucher ist gefährdet, besonders stark,

- wenn er viele Zigaretten raucht,
- wenn er „schwarze" Zigaretten nimmt,
- je mehr Jahre er raucht,
- je tiefer er inhaliert, „auf Lunge" raucht,
- je kürzer die „Kippe" ist.

Es gibt keine Zigarette, die unschädlich ist. Auch was als „nikotinarm im Rauch" verkauft wird, ist noch gefährlich. Oft raucht man bei diesen Zigaretten sowieso mehr, weil sie „flauer" schmecken. Gegen das Rauchen und seine Gefahren gibt es nur einen einzigen richtigen Entschluß: Aufhören! Die meisten Menschen schaffen das nicht, auch wenn sie es sich fest vornehmen, Ihnen fehlt nicht der gute, sondern der starke Wille.

**Bitte... ✗ Danke!**

Was das Rauchen bewirkt und wie man es einschränken kann, das beschreibt ganz vernünftig eine Broschüre, die von der Bundeszentrale für gesundheitliche Aufklärung mit der Bundesärztekammer erarbeitet wurde: *„15 Sekunden zum Nachdenken"*.

**Presse- und Informationsamt der Bundesregierung**

**Bundeszentrale für gesundheitliche Aufklärung
5 Köln
Postfach**

Auch Krankenkassen haben entsprechende Aufklärungs-Schriften über das Rauchen. Auf den Geschäftsstellen liegt dieses Material oft aus. Sonst nachfragen!

## ◊ Krankenkasse

Der gesetzlichen *Krankenversicherung* gehören alle Arbeiter als *Pflichtmitglieder* an. Ebenso alle Angestellten bis zu einer Einkommensgrenze von zur Zeit 3150 Mark im Monat. Die Mitglieder der Krankenversicherung bilden eine „Solidargemeinschaft".
◊ Kassiert wird bei allen
◊ Mitgliedern. Leistungen bekommen nur diejenigen, die krank sind.

Die Hälfte der Beiträge zur gesetzlichen Krankenversicherung wird vom Lohn oder Gehalt des Arbeitnehmers gleich einbehalten und an die Krankenkasse abgeführt. Die andere Hälfte zahlt der Arbeitgeber. Die Krankenkassen-Beiträge werden also zu gleichen Teilen vom Arbeitgeber und Arbeitnehmer getragen.

Wieviel einbehalten wird, das ist von Kasse zu Kasse verschieden. Nehmen wir an, der Beitragssatz liegt bei 11%. Dann muß jemand, der 1500 Mark im Monat verdient, 165 DM an Krankenkassen-Beitrag zahlen. Da der Arbeitgeber die Hälfte übernimmt, werden dem Arbeitnehmer also monatlich 82,50 DM abgezogen.

Die Mitglieder der Krankenkasse bezahlen beim Arzt oder Zahnarzt nichts in bar, sondern legen einen *Krankenschein* vor. Den ◊ bekommen sie von der Kasse. Die Kosten für Arzneien und kleinere Hilfsmittel trägt die Krankenkasse. Der Versicherte wird mit einem Kostenanteil von 1 DM je *Arznei* beteiligt. (Ausnahme: Mitversicherte Kinder—außer wenn sie Waisenrente bekommen — versicherte werdende Mütter bei Schwangerschaftsbeschwerden und Entbindung. Kriegsbeschädigte bei Verordnung von Arznei- und Heilmitteln wegen ihres Kriegsleidens. Außerdem kann die Krankenkasse Versicherte von der Arzneikostenbeteiligung befreien, wenn diese eine besondere Härte darstellen würde. Weitere Auskünfte erteilen die Krankenkassen.) Jeder Versicherte und seine Angehörigen können sich den Arzt oder Zahnarzt selbst aussuchen. Voraussetzung ist allerdings, daß der Arzt zur Kassenpraxis zugelassen ist. Ob das der Fall ist, steht auf seinem Praxisschild.

Weil die Krankenscheine jeweils für ein Kalender-Vierteljahr gelten, soll man in dieser Zeit möglichst beim gleichen Arzt bleiben. Wenn es

notwendig ist wird der Arzt
eine *Überweisung* zu einem
anderen Arzt oder Facharzt
schreiben.

**Presse- und Informationsamt der
Bundesreigierung**

*Krankenkasse* health insurance company
*kassiert wird ... Mitgliedern* all
  members pay contributions
*Leistungen* payments, benefits
*Krankenschein* a form filled in when the
  patient visits the doctor

Grundsätzlich gilt:
Jeder, der nicht in der gesetzlichen Krankenversicherung
pflichtversichert ist, kann auch
einer privaten Krankenversicherung beitreten.

## Leistungen der Kranken-kasse

Vorsorge-Untersuchungen
Behandlung durch Ärzte
und Zahnärzte
Arzneien, Verband- und Heil-mittel
Brillen
Zahnersatz
Körperersatzstücke
Krankenhauspflege
Krankengeld
Haushaltshilfe
Genesendenfürsorge
Mutterschaftshilfe
Sterbegeld

**Presse- und Informationsamt der Bundesregierung**

# 3 Das Leben zu zweit

## Zwei Ehepaare treffen sich ...

**Frage:** Zwei Ehepaare begegnen sich auf der Straße. Die Herren kennen sich seit kurzer Zeit (Studienkollegen). Wer begrüßt wen zuerst, und wie wird vorgestellt?

**Antwort:** Wenn man es genau nimmt, begrüßen sich zuerst diejenigen, die sich kennen, in diesem Fall also die beiden Studienkollegen. Dann sagen die Herren (möglichst nicht gleichzeitig): „Darf ich Sie beide mit meiner Frau bekannt machen?"

**Brigitte**

## GLÜCKLICH VERHEIRATET?

So schlimm, wie die hohen Scheidungsziffern vermuten lassen, ist es offensichtlich um die deutschen Ehen nicht bestellt. Immerhin würden 83 Prozent der Männer die selbe Frau wieder heiraten. Die Frauen allerdings sind skeptisch. Nur 71 Prozent würden sich noch einmal für den jetzigen Partner entscheiden. Im übrigen erklärt nur eine Minderheit, daß man verheiratet sein müsse, „um glücklich zu sein". Immer mehr Paare leben ohne Trauschein zusammen, und nur noch 21 Prozent meinen, die „wilde Ehe" gehe zu weit. Ideal erscheint den meisten – 61 Prozent – eine Familie mit zwei Kindern. Immerhin 19 Prozent wünschen sich drei Kinder. Die Wirklichkeit sieht freilich anders aus: Es gibt immer weniger Babys; der Geburtenrückgang ist beträchtlich, und traditionelle Hochzeits-Bräuche wie der betten-gepolsterte Brautwagen aus Oberhessen sind auch in ländlichen Gegenden nur noch selten zu finden.

**Scala**

*Scheidungsziffern* divorce statistics

Walter
Gärtner,
Dekorateur in
München, wollte
mit 41 Jahren
nicht mehr länger
Junggeselle sein.
Schüchtern wie er
ist, traute er
sich jedoch nicht,
auf Anzeigen zu
antworten. Um auf ◊
Nummer Sicher
zu gehen, wandte er
sich an ein Ehe-
anbahnungsinstitut
mit der Bitte, ihm
eine „liebe
Frau" zu besorgen.
Mit Ulrike klappte ◊
es auf Anhieb

*Um auf Nummer Sicher zu gehen* to
make absolutely certain
*klappte es auf Anhieb* he hit it off right away

Typischer
Instituts-Köder

Dr. med. dent. m. bestfund. Groß-
praxis, 35/182, m. blend. Erschein.
Sportstyp m. best. Umgangsf.,
weltoffen, dynam., groß z. u. hu-
morv., berufl. erfolgr., wohlhab.
Ärztefam., Villa m. Parkgrundst.,
groß. Vermög., wü. intellig. na-
türl. Ehepartn., die Freude an
Repräsentationspfl., Reisen u.
gepfl. Häuslichk. hat. C7-MP.
INSTITUT
Postfach
Telefon:

Jg. Mann, 31, schön, vermögend, edler
Charakter, sucht aufrichtige Freundin,
katholisch bevorzugt. Zuschr. u.

Vorsicht: Haustyrann

ER, 32 J., sucht tolerante SIE f. gel.
Treffs. K. finanz. Interesse. Zuschr. u.

Erwünscht: nur Sex

Apparte, gefühlsbet., warmherz. 40ge-
rin, bl., schl. 1,70, häusl. u. prakt. su.
symp., liebenswerten Partner, Ehe mögl.
Zuschr. u. ✉

Gesucht: Pantoffelheld

34

# Was jeder über
# Heiratsinserate wissen sollte.

Schon zu Urgroßmutters Zeiten wurde vereinzelt der Lebensgefährte per Annonce gesucht. Allerdings wäre es nicht schicklich gewesen, selbst unter Freunden darüber zu sprechen. Heute bringen die deutschen Zeitungen und Zeitschriften jede Woche fast 20 000 Wünsche nach einem passenden Partner.

Das sind rund 20 Millionen Mark, die allein im vergangenen Jahr auf diesem Markt der Sehnsucht ausgegeben wurden.

Mit dem Erfolg, daß bei uns auf diese Weise jede zehnte Ehe zustandekommt, und es sind oft nicht die schlechtesten. Man muß allerdings einige Spielregeln kennen, wenn man Glück haben und das richtige Angebot herausfischen will.

Zuerst: Wo inseriere ich oder suche das für mich passende Angebot?

Da gilt: Je anspruchsvoller das Blatt, desto anspruchsvoller auch der Kreis der einsamen Herzen. Am besten geeignet ist die Zeitung, die man selbst regelmäßig liest.

Und dann: Wie lese ich ein Inserat richtig? Man muß ja schließlich hinter toten Lettern ein lebendiges Persönlichkeitsbild erkennen. Etwa die optimistische, hilfsbereite und in allen Lebenslagen zuverlässige Krankenschwester, die sich so vorstellt: „Ein armes Herz funkt SOS! Karbolmaus, 25/163, Brillenschlange, dicker Mops, ◊ sucht männl. Untier zum Heiraten."

Die junge Frau gibt ihre Kurzsichtigkeit ebenso ungerührt zu wie ◊die Speckfalten. Sie sucht kein Abenteuer, sondern den Weg zum ◊Standesamt.

**Quick**

*Karbolmaus*  nurse (slang)
*25/163*  age 25, height 163 cm
*Brillenschlange*  wears glasses (slang)
*dicker Mops*  tubby
*Speckfalten*  fat (cf. *Babyspeck* puppyfat)
*Standesamt*  Register Office

# Fritz Wolf
# Kontaktaufnahmen

**Alleinstehende Männer finden
leichter Kontakt ...**

**... als alleinstehende
Frauen ...**

**... woran auch die Damenwahl
nicht viel geändert hat.**

**Andere Formen der Annäherung verbieten
sich aus Gründen der Schicklichkeit ...**

**... und könnten zudem
mißdeutet werden.**

**Leichter haben es dagegen
Frauen, die Skat spielen.**

**Am einfachsten lernt man sich
durch die Zeitung kennen ...**

**... indem man ein Treffen mit gemeinsamem
Erkennungszeichen vereinbart.**

**Brigitte**

# Heirat

**SCHLANKE**, blonde, grünäugige ausgesprochen attraktive 40jährige Linzerin möchte endlich wieder an der Seite eines lieben, charakterstarken Partners leben. Unter „Nicht nur Ausflugsziel"

**BIN** 26, schlank, braune Haare, grüne Augen und bitte ein ehrliches, liebes Mädchen, das eine feste Bindung sucht, mir ehest zu schreiben. Unter „Ich warte"

**BLONDER** Engel, 24, schlank, sportlich, blaue Augen, ist nicht unzufrieden mit ihrem Leben. Allerdings scheint es keinen Mann zu geben, der nicht nur eine Liebelei sucht, sondern weiter denkt. Sollte ich mich getäuscht haben? Unter „Hauptsache aufrichtig"

**E-SCHWEISSER**, 34/170, stattlich, verdiene gut und wünsche mir herzlich eine **SIE**, die in guten und schlechten Zeiten zu mir hält. Unter „Eigenes Haus"

# (K)EIN GRUND ZUM HEIRATEN?

29 Aufgebote an einem Tag Anfang Oktober im Standesamt ◊
Hamburg-Mitte. Darunter zwei Paare, die niemand als glückliche
Brautleute ausmachen würde. Schwer zu sagen, wer zu wem
gehört. Zwei Ausländer heiraten zwei Deutsche. Der Grund ist die
Aufenthaltsgenehmigung. Die Trauung ist ein reines Geschäft: Wenn
sie das Standesamt verlassen, geht jeder seiner Wege. Der eine um
ein paar Banknoten reicher, der andere um eben diese Scheine
leichter. Weitere, „richtige" Gründe für die Ehe, weiß
Standesbeamter Hesselbarth, sind zumal bei jungen Leuten: „Ein
Kind ist unterwegs. Oder: Er wird eingezogen, muß zum Bund. Vor ◊
dieser Trennung wollen sich beide aneinander binden, irgendwie
sichern." Außerdem das Geld, Steuererleichterungen, Zuschüsse,
◊ die Sozialwohnung, die es nur gibt, wenn ein Trauschein vorgelegt
werden kann oder Kinder da sind. „Junge Leute heiraten auch, um
aus der Familie, dem Elternhaus, aussteigen zu können."

**Zeit Magazin**

*Standesampt* Register Office
*muß zum Bund* has to go into the army
*Sozialwohnung* the equivalent of a
  British council flat

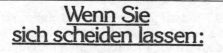

# Wenn Sie
## sich scheiden lassen:

# Denken
# Sie zuerst an
# Ihr Kind

**K** inder sind die eigentlichen Scheidungsopfer – Psychologen und Lehrer wissen ein Lied davon zu singen. Viele bekommen Neurosen, Reifestörungen oder einfach „nur" negative Charaktereigenschaften, wie zum Beispiel die Gewohnheit, Menschen gegeneinander auszuspielen. Gelernt haben sie's meistens in der krisenreichen, nervenzermürbenden Zeit, die der Scheidung vorausgeht. Lange bevor eine Ehe in die Brüche geht, bekommen die Kinder das ab, was die Psychologen als „Scheidungsschaden" bezeichnen. Sicher, das haben die Eltern nicht beabsichtigt. Aber wenn man sich der Gefahren nicht bewußt ist, sind sie eben unvermeidbar.

Deshalb: Scheiden tut immer weh – besonders den Kindern. Aber sie überstehen diesen Schmerz ohne Schaden, wenn Sie

● mit kindgemäßen, einfachen Worten über die Trennung sprechen;

● Ihrem Sprößling erklären, daß die Scheidung nichts mit der Liebe zu tun hat, die man für ihn empfindet;

● dem Kind begreiflich machen, daß es nicht schuld an der Scheidung hat;

● das Kind nicht in Streitereien mit einbeziehen oder einen persönlichen Rachefeldzug mit Hilfe der Kinder führen;

● sich nicht einander unbeherrschte Szenen machen.

Wenn man sich an diese Spielregeln hält, fällt es den Eltern auch leichter, eine faire Trennung durchzustehen und die Familienbande nicht endgültig zu zerstören.

# Fred

Ich ging zu Fred zurück, und wir gingen hinaus. Draußen schien die Sonne. Es war zwanzig nach fünf, und ich hatte Hunger. Ich hing mich bei Fred ein, und als wir die Freitreppe hinuntergingen, hörte ich, daß er mit dem Geld in seiner Tasche klimperte.

»Willst du in einem Restaurant essen?« fragte er mich.

»Nein«, sagte ich, »an einer Bude, ich esse so gern an Buden.«

»Dann komm«, sagte er, und wir schwenkten in die Blüchergasse hinein. Die Trümmerhaufen haben sich im Laufe der Jahre zu runden Hügeln geglättet, in dichter Kolonie wächst dort Unkraut, grünlichgrau verfilztes Gebüsch mit einem sanften rötlichen Schimmer von verblühten Weidenröschen. Eine Zeitlang hat das Blücherdenkmal dort in der Gosse gelegen: ein riesiger, energischer Mann aus Bronze, der wütend in den Himmel starrte, bis man ihn stahl.

Hinter einem schmiedeeisernen Portal staute sich der Dreck. Es war nur ein schmaler Weg zwischen den Trümmern freigeschaufelt, und als wir auf die Mommsenstraße kamen, wo einige Häuser noch stehen, hörte ich aus der Ferne, über die Trümmer hinweg, die Musik eines Rummelplatzes. Ich hielt Fred an, und als wir standen, hörte ich es deutlicher: das wilde Dröhnen der Orchestrions.

»Fred«, sagte ich, »ist Rummel in der Stadt?«

»Ja«, sagte er, »ich glaube, wegen der Drogisten. Willst du hin? Sollen wir hingehen?«

»Oh, ja«, sagte ich. Wir gingen schneller als vorhin, tauchten durch die Veledastraße, und als wir noch einmal um eine Ecke bogen, waren wir plötzlich mitten im Geschrei, im Geruch des Rummelplatzes. Die Klänge der Drehorgeln, der Geruch heftig gewürzten Gulaschs, gemischt mit dem süßlich fetten des in Schmalz Gebackenen, das helle Sausen der Karussells erfüllte mich mit Erregung. Ich spürte, wie mein Herz heftiger schlug – diese Gerüche, dieser Lärm, der gemischt ist, verworren, aber doch eine geheime Melodie enthält.

»Fred«, sagte ich, »gib mir Geld.«

Er nahm das lose Geld aus der Tasche, zog die Scheine zwischen den Münzen hervor, faltete sie zusammen und steckte sie in sein verschlissenes Notizbuch. Er häufte mir das ganze Kleingeld in die Hand, es waren dicke silberne Münzen darunter; ich zählte sie vorsichtig, während Fred mir lächelnd zusah.

»Sechs Mark achtzig«, sagte ich, »das ist zuviel, Fred.«

»Nimm es«, sagte er, »bitte«, und ich sah in sein schmales

graues und müdes Gesicht, sah zwischen den blassen Lippen die schneeweiße Zigarette und wußte, daß ich ihn liebte. Ich habe mich schon oft gefragt, warum ich ihn liebe; ich weiß es nicht genau, es sind viele Gründe, aber einen weiß ich: weil es schön ist, mit ihm auf den Rummel zu gehen.

Heinrich Böll **Und sagte kein einziges Wort**
© 1953 Verlag Kiepenheuer & Witsch, Köln

# 4 Es dreht sich ums Auto

## ◊ TÜV (TÜA)

Alle zwei Jahre muß man sein Motorrad oder Auto beim TÜV (TÜA) vorführen. Die Technischen Überwachungsvereine oder –ämter (in Hamburg und Hessen) prüfen die Fahrzeuge auf Verkehrssicherheit, und das recht gründlich.

Auf den „TÜV" sollte man sein Gefährt mit Verstand vorbereiten.

Ein Auftrag an die Werkstatt mit dem Vermerk „TÜV-fertig" machen, das kann manchmal teuer werden.

Billiger kommt's, wenn man — möglichst mit Hilfe eines „sach- ◊ verständigen" Bekannten — den Wagen selbst erst einmal durchschaut. Wo der Ingenieur vom TÜV überall nachforscht, zeigt das Schaubild. Jeder dieser Punkte sollte stimmen.

Die zwei häufigsten Fehler:

Viele Autobesitzer lassen unmittelbar vor der TÜV-Vorführung ihre Bremsen neu belegen — und wundern sich dann, daß die noch nicht richtig eingefahrenen neuen Bremsen ungleichmäßig „ziehen" und beanstandet werden.

Und manch einer ließ schnell noch einen neuen Unterboden- ◊ schutz anbringen — und der Prüfer schickte ihn wieder heim, weil er darunter Rost vermuten mußte.

Nach Rost am Boden sucht der Prüfer bei älteren Fahrzeugen immer. Weil er fast immer was findet. Sitzt der Rost auf Brems-
◊ leitungen oder tragenden Elementen, dann ist das ein absoluter Grund zum „Durchfallen".

*Ein wenig Statistik:*

Etwa 8 Millionen Personenwagen werden pro Jahr beim TÜV vorgeführt. Nur 40 Prozent bekommen die Note „ohne Mängel", 30 Prozent weisen leichte, 29 Prozent erhebliche Mängel auf. Ein Prozent ist so „verkehrsunsicher", daß diese Wagen nicht mehr mit eigener Kraft vom Hof des TÜV herunterfahren dürfen. Da stehen den Ingenieuren manchmal die Haare zu Berge, was für „Krücken" sie nach dem Willen der Besitzer noch mal auf die Menschheit loslassen sollen.

Übrigens: Man muß nicht zum heimatlichen TÜV, wenn der stark überlaufen ist. Und man kann auch schon vor Ablauf des 2. Jahres hin. Wer nämlich im Winter kommt, muß nicht so lange anstehen.

**Presse- und Informationsamt der Bundesregierung**

*TÜV=Technischer*
 *Überwachungsverein*   the equivalent of
 the British MOT
*sachverständig*   who knows about cars
*Unterbodenschutz*   underseal
*tragende Elemente*   load-bearing sections
*Krücken*   'bangers'

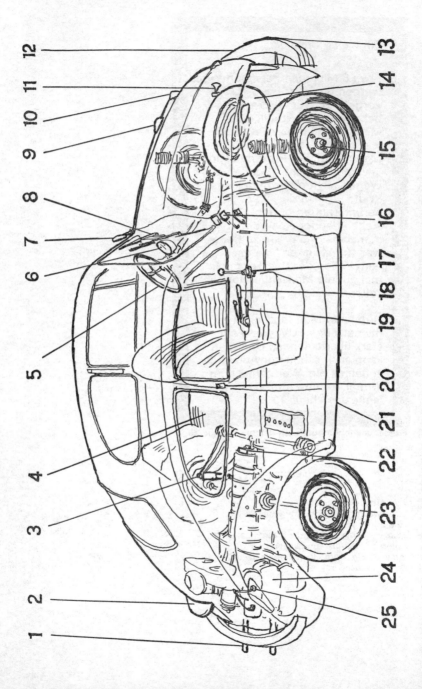

1. Auspuff: Durchgerostet? Abgas-Test? Sport-Auspuff mit Typzeichen? 2. Rückleuchten: Alle Lampen in Ordnung? Gläser sauber? Beide Bremslichter intakt? Rückstrahler in Ordnung? 3. Stoßdämpfer: Äußerlich trocken? Kommt der Wagen sofort zur Ruhe, wenn man ihn schaukelt? 4. Zubehör: Warndreieck in typgeprüfter Ausführung vorhanden? Apotheke mit DIN-Zeichen? Gurte vorhanden? 5. Lenkung: Kein übermäßiger toter Gang? Alle Fahrwerksgelenke in Ordnung? 6. Kontrolllampen: Blau für Fernlicht in Ordnung, grün für den Blinker, rot für Warnblinker? Grün für Nebelschlußleuchte? 7. Außenspiegel: Glas intakt und frei von blinden Stellen? 8. Scheibenwischer: Funktionieren sie? Gummistreifen okay? Anpreßdruck hoch genug? Scheibe nicht verkratzt? 9. Blinker: Gläser sauber? Vorschriftsmäßige Frequenz von 60 bis 120 Takten pro Minute? 10. Scheinwerfer: Alle Glühlampen in Ordnung? Spiegel nicht verschmutzt oder angerostet? Einstellung okay? 11. Hupe: Reiner Klang? Laut genug? Sportfanfare nicht zu laut? 12. Zusatzausrüstung: Sind Nebel- oder Fernscheinwerfer in Ordnung und richtig eingestellt? Scharfe Kanten etwa an Sportspiegeln oder Spezialfelgen? 13. Nummernschilder: Farbe okay, alle Stempel vorhanden? Beleuchtung hinten in Ordnung? 14. Reserverad: Wird nicht kontrolliert. Profil dennoch gut? 15. Vorderachse: Spiel, wenn man (Lenkung geradeaus) an den Rädern rüttelt? 16. Fußbremse: Arbeitet sie kräftig und gleichmäßig? Zieht der Wagen nicht zur Seite? Leerweg am Pedal? 17. Schaltung: Halten alle Gänge, speziell auch der Rückwärtsgang? 18. Handbremse: Arbeitet sie kräftig und gleichmäßig? Leerweg? 19. Heizung: In Ordnung, auch Lüftung und Gebläse? 20. Gurte müssen ein Typzeichen tragen. 21. Rost an der Unterseite: Tragende Partien geschwächt? Wie sehen die Bremsleitungen aus? 22. Fahrgestell- und Motornummer: Gleich wie in den Papieren? 23. Reifen: Überall noch mindestens 1 mm Profil? Beschädigungen? Sind die Reifen richtig (Dimension, S- oder H-Reifen)? 24. Ölverlust: Sind Motor, Getriebe, Achsantrieb oder Lenkung triefend naß? (Spuren schaden nicht) 25. Funkentstörung: Widerstands-Zündkabel oder vorgeschriebene Entstörstecker?

Presse- und Informationsamt der Bundesregierung

45

# Käfer

Porsche hat ihn erfunden, Hitler hat ihn dem Volk versprochen.
Millionen in aller Welt sind erst viel später darin glücklich
geworden. Aber am meisten geliebt haben ihn immer die
Amerikaner. Sie waren es auch, die dem Volkswagen, der bei uns
◊ nur VW oder werksintern Typ 1 genannt wurde, seinen Spitznamen
gaben. Schon Anfang der fünfziger Jahre tauften die Amerikaner das
erste Produkt, das nach dem Kriege massenweise bei ihnen
eingeführt wurde, Bug oder Beetle, auf die gediegene Form des
Wolfsburger Autos anspielend. Auf diesem Umweg wurde die
Bezeichnung Käfer auch bei uns bekannt. Anführungsstriche waren
nie nötig, jeder wußte, was gemeint war. Kein Markenname war
schließlich so populär wie dieser. Er wurde auch in viele Sprachen
übersetzt: die Franzosen sagen Coccinelle, die Italiener Maggiolino,
die Spanier Escarabajo, die Holländer Kever.

Obwohl das weltberühmte Krabbeltier in seinem Ursprungsland
nicht mehr gebaut wird, weil es gegen die modernen VW-Autos Golf
und Polo nicht mehr ankam, ist ein Ende der Käfer-Ära noch lange
nicht in Sicht. 1972 waren von ihm bereits mehr als 15 Millionen
Exemplare gebaut worden. Damit hatte der Käfer den
Produktionsweltrekord von Fords T-Modell („Tin-Lizzy") eingestellt.
Inzwischen sind 20 Millionen Käfer vom Band gelaufen. In ein paar
Jahren werden es 22 Millionen sein, ein Weltrekord für alle Zeiten.
Es sei denn, die Volksrepublik China käme irgendwann auf die Idee,
ihrer Bevölkerung ein Einheitsauto zu verordnen ...

Stern

*werksintern*  in the factory

# Ewiger Student

Wohl einmalig hoch ist die Anzahl der Fahrstunden, die ein Stuttgarter Fahrschüler bis jetzt hinter sich gebracht hat: Kurz vor seinem vierten und vermutlich letzten Versuch, endlich den Führerschein zu bekommen, kann der 22jährige Rekordhalter 118 Fahrstunden nachweisen. Das erste Mal war er mit 26 Stunden Praxis bei der Prüfung durchgefallen; seine beiden nächsten Anläufe mit 58 und 82 Fahrstunden endeten ebenfalls erfolglos. Teuer kommt ihn der Führerschein auf jeden Fall — schon jetzt muß er über 4000 Mark bezahlen.

Auto, Motor und Sport

46

# Führerschein

Nur Fahrrad darf man uneingeschränkt ohne Führerschein fahren. Zwar ◊ braucht der, der ein Mofa bis 25 km/h Höchstgeschwindigkeit benutzen will, ebenfalls keinen Führerschein, doch muß er wenigstens 15 Jahre alt sein und, wenn das 15. Lebensjahr nicht vor dem 1. April 1980 vollendet wurde, zusätzlich eine Prüfbescheinigung erwerben. Sie wird erteilt, wenn in einer theoretischen Prüfung ausreichende Kenntnisse im Verkehrsrecht und über die Gefahren im Straßenverkehr nachgewiesen worden sind. Für alle anderen Fahrzeuge braucht man einen Führerschein. Es gibt ihn in fünf Klassen.

Den Führerschein bekommt man nur, wenn man eine Fahrschule besucht hat und vor einem amtlichen Prüfer ausreichende Kenntnisse nachweisen kann. Die Prüfungen werden abgenommen von einem Prüfer oder Sachverständigen des Technischen Überwachungsvereins [TÜV, das ist der gleiche Verein, der auch alle zwei Jahre die Fahrzeuge auf Betriebssicherheit prüft]. Wie macht man den Führerschein? Da führt kaum ein Weg um die Fahrschule herum. Die kostet Geld, denn sie ist ein Privatunternehmen.

Presse- und Informationsamt der Bundesregierung

*Mofa*   motor-assisted bicycle, type of moped

# WIE SIE BENZIN SPAREN

Der ADAC frohlockt über die Vernunft der deutschen Autofahrer. Obwohl die Zahl der zugelassenen Personenkraftwagen um sechs Prozent auf reichlich über 22 Millionen stieg, wurden im Juli 1,6 Millionen Liter Benzin weniger verbraucht als im Juli des Vorjahres. Allerdings: insgesamt ist der Benzinverbrauch in den ersten sieben Monaten des Jahres um 1,4 Prozent gestiegen.

Da erhebt sich die Frage: Fuß vom Gas, reicht denn das? Geld spart man groschenweise, Benzin tröpfchenweise. Die Industrie weiß das. Sie investiert Millionen, auf lange Sicht Milliarden, um ihre Fahrzeuge noch wirtschaftlicher zu machen. Künftig wird sicher niedriger Verbrauch das beste Verkaufsargument für Autos sein.

Aber auch der Autofahrer selbst muß – klugerweise – das inzwischen so teure Benzin oder den Dieselkraftstoff tröpfchenweise sparen. Im Interesse seines Geldbeutels. Und damit möglichst wenig Rohölprodukte verbraucht werden. Leicht ist's außerdem: Durch bewußteres Fahren, durch Entrümpelung des Wagens, durch intensivere Wartung. Zum

Quick

Beispiel haben gut 90 Prozent aller Wagen falsch eingestellte Zündungen.

Hier einige Tips:
• Fahren Sie häufiger in die Werkstatt, um Zündung, Kerzen, Vergaser oder Einspritzer kontrollieren zu lassen. So können unter Umständen bis zu 20 Prozent Treibstoff gespart werden.
• Prüfen Sie häufiger den Reifendruck.
• Vermeiden Sie unnötige Dauervollast. Runter mit dem Ski-oder Dachträger. Weg mit dem Ballast aus dem Kofferraum.
• Bringen Sie den Motor nicht im Leerlauf auf Temperatur.
• Benutzen Sie den 1. Gang nur zum Anfahren; schalten Sie rechtzeitig in die höheren Gänge. VW-Entwicklungschef Professor Fiala; ,,Die billigste Regel lautet: Fahren Sie immer im höchstmöglichen Gang. Beim sogenannten untertourigen Fahren geht ein moderner Motor gewiß nicht kaputt.''
• Suchen Sie sich die günstigste Route zum Arbeitsplatz. Sie sparen Benzin, wenn Sie einen kleinen Umweg machen, dafür aber flott und ohne allzu häufiges Schalten durchfahren können.

*Entrümpelung des Wagens* clearing any
 unnecessary weight/baggage out of the car
*Bringen Sie . . Temperatur* do not warm
 the engine up whilst the car is stationary

Damit der Ausflug fröhlich bleibt

# Schützen Sie
# ihr Kind im Auto!

Der Osterausflug ist eingeplant, die Familie will endlich raus in die Natur. Angesichts der Tatsache, daß ein großer Teil der Kinder, die im Straßenverkehr tödlich oder schwer verunglückten, Mitfahrer in einem Fahrzeug waren, sollten Sie gerade jetzt die Vorsichtsmaßnahmen beachten. Denn Kinder, die mit im Auto sitzen, sind gefährdeter als Erwachsene und tragen bei Unfällen oft schwerere Verletzungen davon.

• Grundsätzlich gehören Kinder bis zu zwölf Jahren auf den Rücksitz. So bestimmen es das Gesetz und die Vernunft.

• Säuglinge und Kleinkinder dürfen nie auf dem Schoß des Beifahrers sitzen. Sie dürfen auch niemals mit unter den Sicherheitsgurt der Erwachsenen gezwängt werden. Bei Notbremsungen oder Zusammenstößen kann das verheerende Verletzungen zur Folge haben.

• Säuglinge liegen am besten geschützt im Kinderwagen-Aufsatz oder noch besser in Baby-Liegen, die quer zur Fahrtrichtung gestellt auf dem Rücksitz festgeschnallt werden.

• Kleinkinder gehören in Schalensitze, die mit Kopfstützen versehen sind. Bei der Anschaffung solcher Sicherheitssitze sollten Sie nicht sparen. Überzeugen Sie sich beim Kauf, ob das Fabrikat eine Testmarke trägt und TÜV-geprüft ist.

• Für größere Kinder gibt es spezielle Sicherheitsgurte oder Sicherheitswesten, die unter den Rücksitzen verankert werden können (schwierig ist das allerdings bei älteren Auto-Modellen).

• Als Erwachsener müssen Sie stets Vorbild sein: Schnallen Sie sich selbst unbedingt im Auto an!

• Zuletzt: Nehmen Sie alles aus dem Innenraum, was scharfe Kanten hat. Der so harmlos erscheinende Regenschirm oder ein Autoatlas können beim scharfen Bremsen zu gefährlichen Geschossen werden, die böse Verletzungen verursachen.

**Neue Revue**

*Schalensitz*  child safety seat

# Wer sich nicht anschnallt, soll zahlen!

**Besonders erschüttert sind die Unfallexperten darüber, daß sich viele Autofahrer gerade dort nicht anschnallen, wo am meisten passiert und die meisten Verletzungen ganz zu vermeiden wären: innerorts bei Geschwindigkeiten bis 50 km/h.**

Die Warnung des Verkehrsministers war unmißverständlich: »Wenn alle Appelle nichts nützen«, so kündigte der Minister im letzten November in der ADAC Motorwelt an, »sehe ich mich leider gezwungen, ein Bußgeld für das Nichtanlegen des Gurtes zu fordern. Der Appell ›Erst gurten – dann starten‹ ist keine Schikane des Verkehrsministers, sondern dient der Sicherheit jedes einzelnen.«.

Seit über 10 Jahren hat der ADAC immer eindringlicher den Autofahrern die lebensrettende Wirkung des Sicherheitsgurts vor Augen geführt. Schon als die Autos noch nicht serienmäßig mit Sicherheitsgurten ausgerüstet waren.

★ warb der ADAC für freiwilligen Einbau
★ sorgte der ADAC dafür, daß die Preise erschwinglich wurden
★ half der ADAC bei der Entwicklung des Automatic-Gurts mit
★ setzte der ADAC das Drucktastenschloß für alle Gurtmodelle durch
★ empfahl der ADAC die besten Gurte und Sitze für Kinder
★ trat der ADAC für die Ausrüstung aller Autos mit Gurten ab Werk ein.

Als dann die meisten Autos Sicherheitsgurte hatten, ging es darum, die Autofahrer dazu zu bringen, die Gurte konsequent zu tragen. Und tatsächlich ließ sich erreichen, daß immer mehr Fahrer und Beifahrer den Sicherheitsgurt anlegten.

Einen deutlichen Ruck nach oben machte die Anlegekurve, nachdem 1976 das Gurttragen gesetzlich vorgeschrieben wurde. Doch als immer mehr Autofahrer merkten, daß es keinen Pfennig Strafe kostete, den Gurt am Haken hängen zu lassen, ging die Anglegekurve allmählich wieder nach unten. Mit weiteren Aktionen (»Silberne Zitrone für Gurtmuffel«), guten Argumenten und

50

eindringlichen Appellen – zuletzt auf der ADAC-Jahreshaupt-
versammlung, wo Präsident Stadler außerdem von der Industrie ein
einheitliches Gurtschloß forderte – gelang es jedoch, wieder mehr
Autofahrer dazu zu bringen, den Gurt aus Einsicht und nicht aus
Furcht vor Strafe zu tragen. Heute fährt etwa jeder Zweite
regelmäßig mit Gurt.

Der Erfolg ist bereits meßbar: Nach einer Untersuchung der
Kölner *Bundesanstalt für Straßenwesen (BASt)* kommen dank Gurt
bei uns pro Jahr 1700 Menschen weniger ums Leben; weitere 30 000
werden vor Verletzungen bewahrt.

Es könnten aber mehr als doppelt so viele sein, die einen
schweren Verkehrsunfall lebend oder unverletzt überstehen — wenn
jeder seinen Sicherheitsgurt auch wirklich anlegen würde.

**(ADAC-Motorwelt)**

*ADAC = Allgemeiner Deutscher Automobil
  Club*   the equivalent of the AA or RAC
*Automatic-Gurts*   inertia-reel seat belt
*Anlegekurve*   the number of people
  wearing seat belts
*silberne Zitrone*   'wooden spoon', booby
  prize
*Gurtmuffel*   people who can't be bothered
  to wear seat belts

# 5 Reisefieber

# Jeder Urlaub hat seinen Bahnhof.

Wohin Sie auch fahren möchten, in die Berge oder an die See oder
... oder in den Wald. **Die Bahn fährt Sie hin.**

## DEUTSCHE BUNDESBAHN [DB]

| | |
|---|---|
| **Loreley-Express**<br><br>**D 164** | (London) - **Hoek van Holland** Haven - **Rotterdam -**<br>**Eindhoven - Venlo - Köln - Bonn - Mainz -**<br>**Mannheim - Karlsruhe - Basel** SBB |

**Zeichenerklärung:**

| | | | | |
|---|---|---|---|---|
| 🚃 | = 🚃 1. Klasse | (200) | = | Streckennummer im Kursbuch |
| **F** | = Fernschnellzug 1. Klasse | Ⓤ | = | umsteigen |
| **D** | = Schnellzug | X̶ | = | werktags |
| **E** | = Eilzug | † | = | sonn u. feiertags |
| 🚌 | = Omnibuslinie | a | = | X̶ außer Sa |
| ✗ | = Speisewagen oder Wagen mit Speiseraum | b | = | täglich außer Sa |
| ✉ | = Büfettwagen | c | = | Sa und † |
| ⚲ | = Servierwagen | Mo | = | montags |
| 🚋 | = Kurswagen | Di | = | dienstags |
| 🛏 | = Schlafwagen | Mi | = | mittwochs |
| 🛏 | = Liegewagen | Do | = | donnerstags |
| 🚂 | = Pass und Zoll | Fr | = | freitags |
| (🚂) | = Pass u. Zoll im Zuge | Sa | = | samstags |
| ⊞ | = Übergangsbahnhof DB — DR | So | = | sonntags |
| Weitere Zeichen siehe Fußnoten | | Ⓢ | = | Ⓢ-Bahnverkehr |

🏦 = Wechselstube der DEUTSCHEN VERKEHRS-KREDIT-BANK AG im Bahnhof.

The *Zugbegleiter* (of which this is a section) is a leaflet giving details of the route,
departure times etc. of a particular train. Several copies are available for the
information of passengers in each compartment of the train in question.

# DÜSSELDORF– Ihr Wochenendpartner zum Verlieben

## Mit der Bahn.

 **Zum Freundschaftspreis.**

# Düsseldorf sehen, schmecken, lieben. Mit dem Gutscheinheft.

In dem Hotelarrangement sind enthalten: Übernachtung, Frühstück,
◊ Service und MWSt. Dazu die Extravorteile in Form des
Gutscheinheftes DÜSSELDORFER PALETTE, das der Verkehrsverein
(geöffnet bis 23.00 Uhr) zusammen mit dem Hotelbeleg aushändigt.
Die DÜSSELDORFER PALETTE enthält:
- Stadtrundfahrt
- freier Eintritt in Museen und Schlösser
- Gratis 2 Glas Altbier in der Altstadt-Hausbrauerei „Zum
  Schlüssel", Bolker Straße 45
- Gratis 2 Glas Altbier im Brauerei-Ausschank „Schlösser",
  Altestadt 5
- kostenlose Benutzung des Städt. Wellenbades an der Grünstraße ◊

**Am für Fremdenverkehr, Düsseldorf**

*MWSt = Mehrwertsteuer* VAT
*Wellenbad* swimming pool with
artificially produced waves

# DER INTERCITY VON INNEN.

Den reservierten Platz finden Sie anhand der Ordnungsnummer „Ihres Wagens" und der Platznummer des Reservierungsschildes. Die Ordnungsnummer „Ihres Wagens" und die Platznummer sind auf Ihrer Platzkarte angegeben. Alle IC besitzen in der 1. Klasse geräumige und klimatisierte Abteile oder Großraumwagen mit bequemen, verstellbaren Sitzen.

In der 2. Klasse gibt es ebenfalls komfortable Abteile und klimatisierte Großraumwagen.

Gut reisen heißt auch: gut essen und trinken. Deswegen haben alle IC ein Zugrestaurant. IC mit diesem Zeichen ☎ besitzen sogar ein Zugsekretariat mit Telefon.

Viel Vergnügen und einen angenehmen Aufenthalt im IC wünscht Ihnen die Bahn.

**DB Die Bahn**
Deutsche Bundesbahn

*klimatisiert* air-conditioned

# Quick-Tips für 3 Tage Berlin.

## 1. Tag

vormittags: Große Sightseeing-Tour durch Berlin (West). Reserve-Filme nicht vergessen! Abfahrt am Kurfürstendamm.

nachmittags: Shopping am Ku-Damm und seinen Seitenstraßen sowie am Tauentzien.

abends: Theater oder Oper, Konzert oder Kabarett. Anschließend Spielbank im Europa-Center.

## 2. Tag

vormittags: Weiter in Kultur: Museums- oder Galeriebesuch. Nationalgalerie, die Museen in Dahlem und viele private Galerien bieten sich an.

nachmittags: Aquarium und Zoologischer Garten.

abends und anschließend: Eine Sause durchs nächtliche Berlin: Biersalons, Budiken, Studentenkneipen und Bars.

## 3. Tag

vormittags: Stadtrundfahrt durch Ostberlin.

nachmittags: Fahrt ins Grüne und Blaue: Grunewald, Havelseen, Lübars. Danach Fernund Überblick vom I-Punkt im Europa-Center oder vom Funkturm-Restaurant.

abends: Großes Tanzbein- ◊ und Mollenschwingen z. B. im Alt-Berliner Biersalon oder Berlin-Palast. Berlin-Folklore. Von den vielen neuen Freunden verabschieden sich, Vornehmen, bald wiederzukommen.

Verkehrsamt Berlin

*Tanzbein- und Mollenschwingen* a 'knees-up', a good time

# U-Bahn-Verbindungen.

Berlin hat das wohl dichteste Netz von öffentlichen Verkehrsmitteln – ideal für alle, die nicht mit dem eigenen Auto nach Berlin kommen und trotzdem beweglich sein wollen. Die BVG (Berliner Verkehrs-Betriebe) unterhalten 83 Busund 8 U-Bahnlinien.

Auf fast allen U-Bahnlinien besteht von Montag bis Freitag während der Tagesstunden eine

Zugfolge von 5 Minuten, die im Berufsverkehr weiter verdichtet wird. Das BVG-Liniennetz und das Fahrplanheft mit allen Linien, Tarifen, ersten und letzten U-Bahn- und Busverbindungen sowie Verkehrsverbindungen zu kulturellen Einrichtungen und sonstigen Sehenswürdigkeiten sind an den Fahrscheinausgaben zu erhalten.

Verkehrsamt Berlin

*Zugfolge von 5 Minuten* trains run at 5 minute intervals

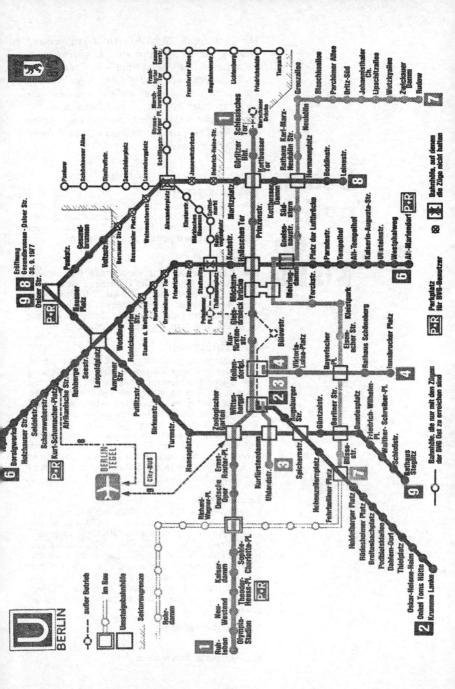

*Do you speak English? Nicht gut genug?*
*Dann polieren Sie doch Ihre Englischkennt-*
*nisse unter südlicher Sonne – auf Malta!*
*In der „Inlingua School of Languages"; macht*
*das Lernen Spaß – weil nebenbei der Urlaub*
*nicht zu kurz kommt! Ins „Klassenzimmer"*
*scheint die maltesische Sonne und keine*
*100 Schritte von der Inlingua-School lacht*
*das tiefblaue Meer.*

# Learn English on Malta

So lernt man Englisch auf Malta:

## Leistungsgruppen

bestehen aus maximal 10 Teilnehmern — ent-
sprechend dem Können und Wissenstand werden
Sie zum Kurs eingeteilt; egal, ob Sie erst beginnen
oder Ihr Englisch perfektionieren wollen.

## Unterricht:

Die Kurse beginnen jeden Montag und dauern
mindestens 2 Wochen. Der Unterricht wird jeweils
von Montag bis Freitag von 9 bis 12 Uhr in jeweils
drei 45minütigen Kursstunden abgehalten. Die
Benützung der Lernbehelfe der „Inlingua"-Schule
ist in unserem Pauschalpreis inkludiert.

## Unterbringung:

Gemeinsam mit gleichaltrigen Schülern können Sie
entweder im Doppelzimmer in einem Appartement
mit Küche (Selbstverpflegung) wohnen oder Sie
wählen die Unterbringung bei einer maltesischen
Familie, wobei Frühstück und Abendessen (also
Halbpension) im Pauschalpreis inkludiert sind.
Selbstverständlich haben Sie aber auch die
Möglichkeit, aus unserem großen Hotelangebot
auf Malta zu wählen. Sie sollten sich aber für ein
Hotel in Sliema entscheiden — dann sind Sie in
5 bis 10 Minuten in der Schule und anschließend
gleich am Meer.

## Leistungen:

Flüge Wien — Malta — Wien mit Linienkursen
der Air Malta oder anderen IATA-Fluggesell-
schaften in DC-9-Jets der *AUSTRIAN*, Bordservice,
20 kg Freigepäck, Transfers vom Flughafen Luqa
zur Unterkunft und retour, Englischkurs in der
„Inlingua School" wie angegeben, alle nötigen
Lernbehelfe, Unterbringung für 2 Wochen im
Doppelzimmer (Appartement) ohne Verpflegung
oder bei einer maltesischen Familie mit Halbpension.

**Mindestalter: 16 Jahre**

**Internationaler Reiseservice**

# Hotel Fletzinger

**8090 WASSERBURG A. INN**

Clement Stechl

Telefon 0 80 71 / 38 76

## RECHNUNG

| | | Zimmer-Nr. |
|---|---|---|
| | | Anreise: |
| | | Abreise: |

Tag: **5. 8. 81**

| | | | | |
|---|---|---|---|---|
| | Einzelzimmer mit Bad | Tage | | |
| | Einzelzimmer ohne Bad | Tage | | |
| | Doppelzimmer mit Bad | Tage | | |
| **1** | Doppelzimmer ohne Bad | **1** Tage | **52. —** | |
| | Speisen und Getränke | | | |
| | Garage | | | |
| | Telefon | | | |

Betrag erhalten:

**Hotel Fletzinger**

Summa DM **52. —**

In diesem Betrag ist
die gesetzl. MwSt. enthalten.

Briefe wohin?

**Zimmerschlüssel bitte abgeben!**

9er Druck, Wbg.

59

# Es ist ganz ungefährlich
## Es wird wieder Mode

# Trampe[n]

## Von Freiburg nach Amsterdam für eine Tasse Kaffee

An der Ausfahrt Hünxel (Autobahn Arnheim-Köln) hebt Student Wessel (23) den Daumen. Nach fünfzehn Minuten hält ein Autofahrer. Detlef: „Fahren Sie Richtung Freiburg?" Der Fahrer: ◊ „Sogar bis Freiburg." In einem Rutsch kommt Detlef ans Ziel – kostenlos.

Trampen ist wieder Mode. In diesem Sommer trampen rund eine Million junge Deutsche. Detlef: „Für den Heimweg Freiburg – Amsterdam (850 Kilometer) brauchte ich sieben Autos. In 14 Stunden war ich da. Das Ganze kostete mich sieben Mark für ein paar Tassen Kaffee und einen Imbiß. Sonst nichts." Die Bahn ist auch nicht viel schneller (zehn bis zwölf Stunden), kostet aber 93,50 Mark.

Drei Tage brauchte der Schüler Thomas Kutscher (20) von Köln nach München: „Jetzt geht's nach Portugal. Meistens nehmen mich junge Leute mit oder Geschäftsleute, die sich unterhalten wollen. In vier Wochen bin ich zurück."

Die Schülerinnen Annette Jakob (17) und Claudia Biehl (16), mit schönem schulterlangen Haar, aus Ottweiler (Saar) halten an der Zufahrt zum Frankfurter Westkreuz ihr Pappschild hoch: „Amsterdam"; „Wir haben jeder hundert Mark mit. Reicht eine Woche. Wir steigen nur zu zweit in Autos – mit vier Türen. Um vor zudringlichen Autofahrern flüchten zu können." Für den „Notfall" haben sie eine Spraydose mit Tränengas griffbereit. Passiert ist noch nichts. Trampen in Deutschland ist ziemlich ungefährlich.

Aber wichtig für Mädchen: Nie allein trampen — und nie nachts. ADAC und die Kripo raten Auto- ◊ fahrern: Lassen Sie sich von Trampern den Ausweis zeigen.

Bild-Zeitung

*trampen* to hitchhike
*in einem Rutsch* in one go
*Kripo = Kriminalpolizei* CID

# Tips für Tramper

**Trampen** ist in der Bundesrepublik Deutschland grundsätzlich erlaubt. Bestraft werden allenfalls die Autofahrer — wenn sie an der falschen Stelle halten. Auf Autobahnen und ihren Auffahrten ist anhalten nämlich nicht gestattet.

In den übrigen europäischen Ländern ist das Trampen nur in der DDR und in der UdSSR grundsätzlich verboten.

Eingeschränkt erlaubt ist das Trampen in der Schweiz, Schweden, Italien, den Niederlanden. Die Einschränkung: Auf Autobahnen darf man es dort nicht, wo der Verkehr behindert werden kann, also vor allem nicht auf Hauptverkehrsstraßen. In Frankreich dürfen organisierte Gruppen nicht trampen.

Problemlos ist es in: Belgien, Bulgarien, Dänemark, Großbritannien, Griechenland, Jugoslawien, Luxemburg, Portugal, Rumänien, Spanien, Tschechoslowakei, Türkei, Ungarn.

Jugendliche unter 18 sollten eine schriftliche Erlaubnis ihrer Eltern mitnehmen. Das hilft bei der Polizei.

Bei Unfällen ist man als Tramper am besten dran, wenn der Fahrer eine Insassen-Versicherung hat. Die Haftpflichtversicherung zahlt nämlich nur, wenn der „Unfallgegner" Schuld hat.

Mädchen sollten besser nicht allein trampen.

Beim Einsteigen Kfz-Nummer und Autotyp einprägen – damit man der Polizei nützliche Angaben machen kann, wenn man Ärger mit dem Fahrer bekam.

Paß, Geld usw. nie beim großen Gepäck aufbewahren, das im Kofferraum verschwindet – das verschwindet manchmal nämlich für immer.

Von verhinderten Rennfahrern sich schnell wieder trennen – sonst liegt man womöglich bald nebeneinander im Krankenhaus.

*Presse- und Informationsamt der Bundesregierung*

*Insassen-Versicherung* insurance for passengers
*Haftpflichtversicherung* third-party insurance
*Unfallgegner* the other person involved in the accident
*verhinderte Rennfahrer* would-be racing drivers

# Sealink bringt Sie und Ihr Auto auf kurzem Wege nach Großbritannien. Zum Beispiel in nur 1¾ Std. - Via Frankreich.

Wenn Sie Europas größte Ferieninsel als Urlaubs-ziel gewählt haben, haben Sie einen großen Urlaub vor sich.

Und damit Sie ihn so lange wie möglich genießen können, sollten Sie die kürzeste Anreise wählen.

Mit den Sealink-Fähren. Große, hochmoderne Fähren bringen Sie sicher und komfortabel hinüber. Und vor allem schnell.

Dunkerque-Dover in 2 1/4 Stunden. Boulogne/Calais-Dover in 1 3/4 Stunden. Dieppe-Newhaven und Cherbourg-Weymouth in 4 Stunden. Insgesamt bis zu 26 x täglich ab Calais und Boulogne.

Übrigens: Erfahrene Englandfahrer buchen meistens Sealink. 10 verschiedene Sealink-Routen stehen zur Auswahl.

# Sealink

Der angenehme Weg
zum Nachbarn
Großbritannien

Sealink – Markenname aller Schiffslinien der

Französischen Eisenbahnen · Britischen Eisenbahnen · Niederländischen Reederei Zeeland · Belgischen Seetransportverwaltung

**British Rail**

63

## Deutsche Wertarbeit
## schuf das Airbus-Wunder

# Kampf der Giganten am Himmel

„Flüster-Vogel" nennen die Amerikaner den deutschen Air-Bus. Doch trotz dieses Kosenamens lehrt er die US-Flugzeugindustrie das Fürchten. Denn: 368 „Flüster-Vögel" sind schon verkauft. Auftragswert: fast 50 Milliarden Mark

**A**ls vor zehn Jahren die ersten Pläne des Air-Bus auf dem Tisch lagen, hieß es noch: „Ein Pleitegeier, der

**Von Jürgen Brockmann**

nie fliegen wird!" Heute ist der erste europäische Jumbo Konkurrent Nummer eins der amerikanischen Giganten Boeing, McDonnell Douglas und Lockheed geworden. Der Air-Bus ist dabei, den ersten Platz am Himmel zu erobern. Einziger Rivale ist inzwischen nur noch Boeing, wo bereits fieberhaft an der Entwicklung einer Maschine gearbeitet wird, die den unaufhaltsamen Siegeszug des in Deutschland konstruierten Wundervogels stoppen soll.

Der in fünf europäischen Ländern gebaute Air-Bus wird, so ist heute schon zu erkennen, das große Geschäft der nächsten zwanzig Jahre werden. Optimisten rechnen damit, daß um die Jahrtausendwende 2000 Maschinen dieses Typs den Kampf der Giganten am Himmel für sich entschieden haben werden. Und diese Rechnung scheint realistisch. Immerhin ist der Air-Bus schon heute drei- bis viermal leiser als

die vergleichbare Boeing 727, verbraucht fast 40 Prozent weniger Treibstoff und bietet den Passagieren wesentlich mehr Sitzkomfort.

Inzwischen stehen 24 Fluggesellschaften Schlange für den Air-Bus und seinen kleineren Nachfolger A 310. Der A 310 soll noch sparsamer fliegen, noch mehr Komfort bieten. Und so sehen die Pläne der deutschen und europäischen Air-Bus-Bauer für die nächsten Jahre aus: Allein in Hamburg, wo das größte zusammenhängende Bauteil (Rumpfheck) ◊ konstruiert und entwickelt wird, sollen bis 1983

rund 400 Millionen Mark investiert, bis 1980 rund 500 neue Arbeitsplätze geschaffen und die monatliche Produktion von bisher zweieinhalb Maschinen auf acht „hochgefahren" werden.

Der Air-Bus ist heute das einzige Großraumflugzeug der Welt für Kurz- und Mittelstrecken mit nur zwei Triebwerken. Außer 345 Passagieren kann er 11,4 Tonnen Nutzlast in Containern transportieren. Der Wundervogel, an dem schon seit 1965 getüftelt wird, ist in eine echte Marktlücke gestoßen. Deutsches Know-how, deutsche Wertarbeit und die Zusammenarbeit europäischer Flugzeugbauer haben bewiesen, daß die Amerikaner (bisher 95 Prozent Marktanteil) den Himmel nicht für sich gepachtet ha- ◊ ben.

Und in die Chefetagen der amerikanischen Flugzeugkonstrukteure ist die Furcht eingezogen. Sie haben dem dickbäuchigen Luft-Bus aus Europa nichts entgegenzusetzen. Boeing will seine Neuentwicklung 767 gegen den Air-Bus antreten lassen. Die Maschine wird aber noch nicht gebaut. McDonnell Douglas mußte nach den spektakulären Unfällen mit den Maschinen der Typen DC 9 und DC 10 Abbestellungen hinnehmen. Kein Wunder, daß in diesem Jahr 60 Prozent aller Aufträge für Großraumflugzeuge an die Air-Bus-Industrie gingen. ∎

**Neue Revue**

*Rumpfheck*
 fuselage section
*gepachtet* booked

# „Wir Paxe zittern stets zu spät"

## SPIEGEL-Reporter Hans Halter über den Stress im Cockpit

Über Wolfratshausen ist das Gröbste schon vollbracht. Drei Minuten nach dem Start vom Münchner Flughafen zündet sich Kapitän Helmut Bosch eine „after take off"-Zigarette an, weil es ihm „sonst zu langweilig" wird. Vollautomatisch legt sich der Airbus in eine leichte Rechtskurve. Über den Wolken scheint die Sonne. Alles „roger".

Nicht nur das. In der nächsten Minute stellt sich auf Anfrage auch heraus, daß die zahlreichen Apparaturen des Jets „on" oder „off" sind, „neutral", „closed", „up", „set", „checked", je nachdem.

Zufrieden rollt der Flugingenieur seinen Sitz nach hinten, packt die steife, gelbe „Checkliste" an ihren Platz und fragt sich und die Crew endlich mal was auf deutsch: „Gibt's in Tunis Pfeifentabak?"

Allgemeine Ratlosigkeit. Das Sortiment der zollfreien Flughäfenläden ist offenbar das einzige, worüber die Flottenführung der Lufthansa ihre Männer nicht unterrichtet. „Ich flieg' zum erstenmal nach Tunis", sagt der Captain heiter, und das geht auch dem Kopiloten, dem Flugzeug und mir so. Also bleibt die Tabakfrage vorerst ungeklärt.

„Ist schon ganz reizvoll, so ein Flughafen, wo du noch nie warst", philosophiert der Pilot. Grundsätzlich finde ich das ja auch. Bis zur letzten Woche hätte mich ein solches Geständnis aus Pilotenmund trotzdem ziemlich irritiert. Inzwischen habe ich aber mehr als ein Dutzend Starts und Landungen hinter mir, immer vorn im Cockpit festgeschnallt, kann drei Instrumente auseinanderhalten und weiß, wie wir nach Tunis kommen.

Wenn mich ein Fluggast, ein „Paxe" (so der Luftfahrer-Jargon), angstvoll fragen würde, wie wir das wohl schaffen wollten, würde ich ihm, ganz „additional crew", beruhigend sagen: „Wir fliegen
◊ einfach die *Prosiidscher* ab."

Denn unser Luftsprung über die Alpen und das Mittelmeer, Flugnummer LH 334, ist auf hunderterlei Weise abgesichert. Der erst 14 Tage alte Airbus A 300, gut ausgelastet mit Frachtcontainern im Untergeschoß und 223 sonnenhungrigen Paxen knapp darüber, wird auf Luftstraßen von Funkfeuer zu Funkfeuer geführt, hat Radar an Bord, vielerlei Prozessoren und die wichtigen Computer alle doppelt und dreifach. In dicken Mappen bewahrt die Crew Luftkarten und Anflugpläne, dazu Ratschläge für jede Eventualität auf. Ein

Großrechner in Frankfurt hat noch schnell ein Telex geschickt, das Wetter und den Kerosin-Verbrauch betreffend. Die Prozedur ist wirklich perfekt, und außerdem gibt's ja auch noch CDU und SPD. ◊ CDU steht für „Control Display Unit", ein Navigationspendel, das unsere Richtung bestimmt. Wie in Bonn sorgt die SPD nur für gleichmäßige Geschwindigkeit, den „speed", in der von CDU empfohlenen Einbahnstraße. Das Ganze ist, wie mancher ahnt, ein Navigationssystem, dessen Grundlage die Massenträgheit bildet. ◊

Schon in der Heimat füttert der Erste Offizier dem System die Koordinaten des Zielflughafens ein. „Theoretisch", sagt er, „könnten wir, ohne eine Hand zu rühren, sogar direkt zum Nordpol fliegen." Gott sei Dank ist das System so ausgelegt, daß es wenigstens der Führung (nicht den Paxen) mitteilt, ob dafür der Sprit reicht. ◊

**Der Spiegel**

*Prosiidscher* Germanization of English 'procedure'
*Großrechner* computer
*CDU, SPD* also a reference to the two major parties in the German parliament
*Massenträgheit* mass inertia, laziness
*Sprit* 'juice', fuel

# SIEGESZUG DER DRAHTESEL ◊

Erstaunlich, was sich neuerdings auf unseren Straßen abspielt. Die Autos rasen zwar immer schneller. Dennoch werden sie überholt – ausgerechnet vom Fahrrad. Und das ganz ohne großes Aufsehen, ohne lästigen Lärm und giftige Abgase. Denn zum zweiten Mal in der Nachkriegszeit gibt es mehr Fahrräder als Personenwagen: In Deutschland stehen sich 25 Millionen Autos und 29 Millionen Fahrräder gegenüber.

Tatsächlich ist der Siegeszug der Drahtesel sensationell. Schon tritt jeder zweite Deutsche in die Pedale. Da ist es kein Wunder, wenn einzelne Hersteller Lieferfristen bis zu drei Monaten melden. Schon satteln immer mehr Prominente aus den tiefen Polstern ihrer Autos aufs Rad um – wenigstens als Freizeitvergnügen. Und schon schlägt das große Geschäft mit dem Fahrrad seltsame Blüten. In Neustadt am Rübenberge in Niedersachsen beispielsweise bietet ein Autohaus das Fahrrad mit 18karätiger Goldauflage an. So ein Ding kostet die Kleinigkeit von rund 5000 Mark. Ein Verkäufer: „Na ja, bei uns gehen die Ferraris ganz gut. Und manche Herrschaften nehmen gleich auch eins von den hübschen Rädern mit." Man sieht, fürs Rad haben buchstäblich goldene Zeiten begonnen.

Selbst Diebe besinnen sich wieder auf die Vorzüge der Drahtesel. Auf einem Fahrrad flüchtete in der Hamburger Mönckebergstraße kürzlich ein Ladendieb. Der 34jährige hatte zwei kostbare Feuerzeuge geklaut.

◊ Genauso türmte ein Brandstifter im bayerischen Ismaning. Der Mann hatte einen Bauernhof angezündet. Danach gab es keinen aufheulenden Motor des Täter-Autos. Keine quietschenden Reifen. Nur einen Radfahrer, der ganz und gar harmlos aussah. Die Polizei: „Statt mit dem Auto einfach mit dem Rad zu flüchten, ist ein neuer Trick."

**Bunte Österreich**

*Drahtesel*  bicycle (slang)
*türmte*  escaped

# 6 Leben um zu arbeiten?

## Was deutsche Sekretärinnen von ihren Chefs halten

◊ Alle Sekretärinnen sind scharf darauf, sich ihren Chef zu angeln. Dieses altbekannte Bild ist und bleibt reine Phantasie. Wahr dagegen ist, daß viele Sekretärinnen ihren Chef sehr kritisch betrachten. In England verteilten sie jetzt sogar Zensuren. Viel Gutes kam nicht dabei heraus. Die meisten Herren waren unpünktlich, schlechte Organisatoren, verschwendeten Zeit und Geld und wären am besten durch ihre Sekretärinnen zu ersetzen.

Und was halten deutsche Sekretärinnen von ihren Bossen? Kirsten Winter (24) arbeitet in einem medizinischen Institut und sieht ihren Chef so: „Er ist der typische Professor: zerstreut, abwesend, über den Dingen schwebend. Er kümmert sich um nichts, kritisiert nicht, kontrolliert nicht. Aber er lobt auch nicht, sagt kein persönliches Wort."

Gerade das Gegenteil erlebt Marion Peters (23), Verlagssekretärin: „Mein Chef öffnet sogar persönlich an mich gerichtete Briefe. Mein Privatleben scheint ihn mehr zu interessieren als die Arbeit. Rationell arbeiten kann er auch nicht. Dauernd kommt er mit neuen Sachen, anstatt eine zu Ende zu machen."

Auch Beate Zimmermann (28), Vorzimmerdame in einem Großkonzern, übt an ihrem Boß herbe Kritik: „Er ist ein sympathischer Mensch, aber viel zu weich. Allen möchte er es recht machen. Er kann keine Entscheidung treffen. An mir bleibt alles hängen."

Über die fachlichen Qualitäten ihres Chefs wundert sich auch Marita Bauer (22), Fremdsprachenkorrespondentin: „Er kann nicht mal Englisch. Wenn unser Londoner Geschäftspartner am Telefon ist, stottert er hilflos herum. Sonst markiert er den großen Mann." ◊

Richtig zufrieden ist Heike Feddersen (39), Assistentin in einem PR-Büro: „Mein Chef und ich ergänzen uns prächtig. Wir respektieren uns. Er delegiert die Arbeit und überträgt mir Verantwortung. Ich arbeite gern für ihn."

Haben Sie's gemerkt? Deutsche Sekretärinnen haben ein neues Selbstverständnis. Immer mehr sehen sich nicht mehr als treuergebene Kraft, sondern als gleichwertige Partnerin des Chefs.

**Neue Revue**

*sind scharf . . . angeln* are keen on hooking their boss
*markiert er den großen Mann* plays the big shot

# Gisela Dietrich.
## Die Frau, die mit Millionen jongliert.

„Wer von der Dietrich schwärmt, meint längst nicht mehr Marlene", verriet mir kürzlich Baron de Rothschild auf einem Empfang im New Yorker „Waldorf-Astoria"–Hotel. Meinen irritierten Blick richtig deutend, fügte der Bankier hinzu: „Sie kennen Gisela Dietrich nicht? Die einzige Managerin aus Deutschland, die auf dem spiegelglatten Parkett der internationalen Geschäfte zu Hause ist?"

Hamburg, Hohe-Luft-Chaussee 2. Im vierten Stock weist ein blankpoliertes Messingschild mit dem Firmennamen „Industa GmbH" zu ◊ der Frau mit dem goldenen Händchen. Über hellen Teppichboden gleite ich lautlos in die Schaltzentrale der einzigen Deutschen, die schlüsselfertige Industrieanlagen, Kliniken und Schulen rund um den Erdball verkauft. Ganz selten liegt ein Einzelprojekt unter hundert Millionen Mark. Wie hat es Gisela Dietrich geschafft, mit diesen schwindelerregenden Bilanzen so umzugehen wie unsereiner mit dem Kochbuch?

„Ich bin mit achtundzwanzig ins Wasser gesprungen", sagt sie und zieht ein wenig verlegen die Schultern hoch, weil sie schüchtern ist und nicht gern von sich selber spricht, „manchmal wundere ich mich, daß es gutgegangen ist."

„Ich war als Kriegskind nicht gerade verwöhnt worden. Meine Eltern hatten sich auseinandergelebt, als der Spuk zu Ende war. Da meine Mutter eine Wohnung in Ostberlin hatte, die die Bombenangriffe überlebt hatte, wuchs ich dort auf."

„Mit siebzehn kam ich im Zug der Familienzusammenführung ganz offiziell in den Westen. Mein in Bayern lebender Vater hatte eigentlich meinen jüngeren Bruder zu sich holen wollen. Aber Peter wollte bei Mama bleiben. So nutzte ich meine Chance."

„Ich verliebte mich, heiratete, ging mit meinem Mann nach Hamburg und staunte, wenn ich einkaufen ging. Wir hatten nur wenig Geld. Aber was hätte man alles haben können, wenn . . ."

Gisela Dietrichs wache Augen entdeckten bald etwas, was es nicht zu kaufen gab, auch wenn Frauen davon träumten. „Die Perlon-Gardinen kamen damals auf. Pflegeleicht, aber Grau in Grau, als kämen sie bereits aus der Mottenkiste."

Die Tüchtige machte Fabriken ausfindig, kaufte billige Restposten ◊ auf und färbte sie in der Badewanne ein, bis sie blütenweiß wie ein Hochzeitsschleier schimmerten. „Als ich damit auf dem Wochenmarkt einen Stand bezog, rissen mir die Hausfrauen meine Ware förmlich aus der Hand."

Bald hatte Gisela achtundzwanzig Untervertreter. Aber mit dem beruflichen Erfolg begannen die privaten Schwierigkeiten. Ihr Mann, der gönnerhaft belächelt hatte, was seine Angetraute unternahm, um die Familienkasse aufzubessern, verkraftete es nicht, daß sie nun mehr verdiente als er selbst.

„Ich habe die Konsequenzen gezogen und mich scheiden lassen. Von meinem Partner erwarte ich, daß er mir Selbständigkeit zubilligt."

Als ihr Geschäft am besten ging, verkaufte die Tüchtige. „Es war mir klar, daß ich nicht ein Leben lang um vier Uhr aufstehen würde, um bei Wind und Wetter Textilien zu verramschen."

Mit 30 000 Mark eisern zusammengespartem Betriebskapital stieg Gisela Dietrich auf eine Branche um, in der sie sich durch ihre Ausbildung gut auskannte: „Ich übernahm die Vertretung für Schneidbrenner, aber als selbständige Unternehmerin, nicht als Angestellte."

Auf der Suche nach einem neuen Absatzmarkt reiste die Managerin nach Rußland.

„An Ort und Stelle merkte ich, daß mir die Leute gern Schneidbrenner abgenommen hätten, wenn ihnen nicht eine Schiffswerft gefehlt hätte."

Gisela Dietrich verkaufte ihnen eine. 1975 vermittelte sie ein Hafenprojekt am Schwarzen Meer in der Größenordnung des Rotterdamer Hafens. Längst hat sie eigene Büros in Moskau, Casablanca und Kuweit. Betriebe, die sonst nie am Exportgeschäft hätten teilnehmen können, verdanken ihr Millionengeschäfte, ebenso wie die großen deutschen Firmen.

Daß der Erfolg ihr nicht geschenkt wird, beweist das Privatleben der Managerin, „Es gibt nur einen Menschen in meinem Leben, dem ich meine Freizeit schenke: mein Sohn Tino."

Er ist neun, sportlich und genauso wild darauf, daß seine schöne Mama ihm in freien Stunden allein gehört wie anderer Mütter Söhne auch.■

**Freizeit Revue**

*GmbH = Gesellschaft mit beschränkter Haftung* limited company
*Restposten* remnants

# Reiseleiter –
## ein Traumjob?

Wenn Sie das glauben, sind Sie bei uns leider nicht an der richtigen Stelle. Träumer können wir nämlich nicht brauchen. Wir bevorzugen „Realisten" mit:

Zuverlässigkeit – damit wir ruhig schlafen können.

Verantwortungsbewußsein – damit unsere Gäste ruhig schlafen können;

Organisationstalent – damit alles reibungslos läuft (selbst wenn einmal etwas schiefgeht);

Kontaktfreude – damit niemand glaubt, es gäbe gar keinen Reiseleiter;

◊ Gewandtheit – damit auch Unmutswogen sich wieder glätten.

Ein Minimum an Sprach- und Landeskunde setzen wir voraus. Auf alles andere bereitet unser einwöchiges Schulungsseminar vor. Zugegeben, wir verlangen einiges, aber wir haben auch etwas zu bieten: kostenlose Reise, Honorar und Versicherung. Wenn Sie also zwischen 23 und 35 Jahre alt sind, mindestens zwei Monate (spätestens ab Anfang Juni) Zeit und – last not least – Interesse haben, schreiben Sie uns! Schon ab 15. Mai können Sie im Einsatz sein.

Sie brauchen uns nur noch ein paar Zeilen zu schicken.

**Deutsche Studenten- und Jugendreisen GmbH**


*Unmutswogen*   waves of discontent

## Aus Liebe zu alten Autos erlernt Bettina Heckmann einen Männerberuf

# Ein Mädchen kommt unter die Haube

Etwas Handwerkliches wollte Bettina Heckmann, 19 Jahre alt und Abiturientin aus Nümbrecht im Oberbergischen Land, auf jeden Fall erlernen. Deshalb ging sie schon vor der Reifeprüfung zum zuständigen Arbeitsamt und ließ sich beraten.

Bei einer Gummersbacher Automobil-Firma stellte sich das junge Mädchen danach vor und bekam die Lehrstelle, um die sich noch zwölf Kandidaten beworben hatten. Ihr Ausbildungsziel, für Mädchen recht ungewöhnlich, ist der Beruf der Automobil-Restauratorin. Als Lehrberuf ist er noch nicht zugelassen, entsprechende Verhandlungen laufen noch mit dem zuständigen Arbeitsministerium von Nordrhein-Westfalen. Klappt's da nicht, legt Bettina, die lieber auf „Tina" hört, ihre Prüfung als Karosseriebauerin ab.

Ihr Chef, der 28jährige Manfred Schleißing, hat seine Spezialwerkstatt erst vor einem halben Jahr eröffnet. Es gibt insgesamt nur noch vier weitere Betriebe dieser Art in der Bundesrepublik, die von Schleißing allerdings nicht als Konkurrenz angesehen werden. „Auf diesem speziellen Markt ist für uns alle Platz", meint er und fährt fort: „Für die Restauratoren ist es sehr schwierig, Baupläne von alten Fahrzeugen zu bekommen. Die Technik des Autobaus hat sich inzwischen sehr geändert, deshalb gibt es nur sehr wenige Fachleute, die für die ‚Altertümer' erst einmal einen Holzrahmen zimmern können. Dann wird die Karosserie — möglichst mit Originalteilen — nachgebaut. Manchmal findet man durch Zufall eine Quelle für Ersatzteile."

Alle diese Kniffe soll Bettina in vier Jahren erlernen. Und dann wird sie am Ziel ihrer Träume sein: Tina Heckmann, die erste deutsche Automobil-Restauratorin! ■

**Neue Welt**

*Kniffe*  knacks, tricks

*Fixum und Provision* basic 'fixed) salary and commission.

## In der Tinte

Vom Bücherverkauf hatte ich die Nase voll. Es ist eine deprimierende Sache, die Werbetrommel für Literatur und dergleichen zu rühren, mit einem wissenden Augenaufschlag die Bestseller aus dem Regal zu holen und sie dem Kunden mit dem Geschwätz des Einverständnisses in die Hand zu drücken. Als ich versuchte, die armseligen Ladenhüter zur Avantgarde zu erheben, geriet ich mit meinem Chef aneinander. Er war ein aufgeschlossener Geschäftsmann und magenkrank. Nicht einmal einen guten Rat gab er mir mit auf den Weg.

Jetzt saß ich wirklich in der Tinte und war gezwungen, auf das Arbeitsamt zu pilgern, um aus dem überreichen Angebot des Arbeitsmarktes etwas für mich herauszusuchen. Es blieb mir nichts anderes übrig, denn für das Geld, das ich noch besaß, konnte ich mir gerade die Haare schneiden lassen. Meine Bücher, die ich zu einem Antiquariat schleppte, hatten zu meiner Überraschung ihren Wert völlig verloren.

Mein erster Job war eine Aushilfestelle in einem Schuhgeschäft. Gegenüber meiner Beschäftigung mit Literatur war es ein kultureller Abstieg, sich mit den Schweiß- und Plattfüßen der Menschheit abzugeben. Jedoch entwickelte ich geradezu einen Ehrgeiz, jedesmal herauszufinden, wo der Schuh drückte, und ich lernte, daß die meisten Männer zu große Schuhe tragen. Wenn der Kunde in seinen neuen Schuhen vor dem Spiegel auf und ab stolzierte, vorsichtig wie ein Küken, das gerade aus dem Ei gekrochen ist, dann war ich auf eine ganz dumme Art glücklich. Die Welt roch nach Leder und Schweiß. Man war sich auf einmal der Schritte bewußt, die man machte, wägte sie ab, genoß sie. Was konnte ich dazu, wenn der Neubeschuhte wieder in den rastlosen Trott zurückfiel, stolperte, in Hundescheiße trat und in Pfützen. Zu dieser Zeit lief ich in gelben Schuhen herum. Sie sahen so scheußlich aus, daß Passanten sich nach mir umdrehten. Ich genoß meine Schritte. Meine Schuhe quietschten vor Vergnügen.

Herbert Heckmann, **Der große Knock-Out in sieben Runden**, Carl Hanser Verlag, 1972

*in der Tinte* in a mess
*die Werbetrommel ... rühren* to make propaganda
*die Nase voll haben* be fed up

# 40 Prozent wollen nicht zurück
## 625.000 ausländische Arbeitskräfte in Bayern — Anwerbestopp ◊

MÜNCHEN (dpa). Die Zahl der ausländischen Arbeitnehmer in Bayern ist nach Angaben des Sozialministeriums seit 1973 um rund ein Viertel zurückgegangen. Sozialminister Fritz Pirkl stellte Montag in München den Bericht „Ausländische Arbeitnehmer in Bayern" vor und erklärte, die ausländische Wohnbevölkerung habe unmittelbar nach dem Anwerbestopp von 1973 noch zugenommen und sich erst in den folgenden Jahren um etwa zehn Prozent vermindert. Heute leben noch 625.000 Ausländer, unter ihnen 165.000 Kinder und Jugendliche in Bayern. Zwei Drittel von ihnen kommen aus Griechenland, Italien, Jugoslawien, Portugal, Spanien und der Türkei.

Der Sozialminister ging für die Zukunft von einer gleich hohen Ausländerbeschäftigung aus, sprach sich aber gleichzeitig deutlich gegen alle Bestrebungen aus, den Anwerbestopp aufzuheben oder zu lockern. Schon 40 Prozent der Ausländer erklären — so sagte der Minister — nicht mehr in ihre Heimat zurückkehren zu wollen. Von einem Wahlrecht für Ausländer und ihrer Mitgliedschaft in Deutschen Parteien halte er nichts. Im Mittelpunkt aller Integrationsbemühungen müssen die Anstrengungen zur Eingliederung der ausländischen Kinder und Jugendlichen in Ausbildung und Beruf stehen.

**Salzburger Nachrichten**

*den Anwerbestopp ... oder zu lockern* to lift or to ease the ban on recruitment of foreign workers.

# Deutschlands Kantinen.
## Viel besser als ihr schlechter Ruf.

◊ Dem Essen in den deutschen Kantinen wird nicht gerade
Appetitanregendes nachgesagt. Doch solche Kritiker essen dort
entweder nicht selbst, oder sie gehören zu jenen Menschen, die an
allem und jedem etwas auszusetzen haben. Ein Test der QUICK in elf
deutschen Betriebskantinen ergab jedenfalls, daß das Essen viel
besser ist als sein Ruf. Mehr noch: Manches Restaurant und manche
Hausfrau müßten sich enorm anstrengen, wenn sie in Preis und
Qualität mit den großen Werkskantinen konkurrieren wollten, die
von den Firmen mit Millionenbeträgen subventioniert werden und
die die allermodernsten Küchengeräte einsetzen können.

Es stimmt schon lange nicht mehr, daß Kantinenessen dick, faul
und müde macht. Im Gegenteil: Als Werksverpflegung gibt es
hauptsächlich Muntermacher, die der schlanken Linie nicht schaden.
In neun der getesteten Betriebe waren alle Hauptgerichte mit Joule-
und Kalorienangaben gekennzeichnet. Das Angebot an frischen
Salaten und eiweißreichen Nachspeisen war viel größer, als es in
den meisten Privathaushalten sein kann.

Nur eines ist der Gesundeit abträglich: Die leckere und gesunde
Werksverpflegung muß fast immer in solcher Hast eingenommen
werden, daß das schmackhafteste Essen zur freudlosen
Nahrungsaufnahme degradiert wird. In acht Kantinen betrug die
Tischzeit nur 30 Minuten, in zwei Betrieben hatten die Arbeitnehmer
40 Minuten Pause, und nur die jungen Leute bei der Bundeswehr
durften sich mittags eine Stunde ausruhen.

„Diese kurzen Tischzeiten sind für das seelische und körperliche
Wohl der angestrengt arbeitenden Menschen äußerst ungesund",
sagt der Münchner Psychiater und Allgemeinmediziner Dr. Günther
Bereiter. Ursache der Essenszeitverkürzung ist die immer schärfere
Rationalisierung und die damit zusammenhängende Verkürzung der
Arbeitszeit die keine längeren Mittagspausen mehr erlaubt. Ein
Arbeitnehmer kann längst nicht mehr wie früher über Mittag nach
Hause gehen. Es hätte auch wenig Sinn. Denn 40 Prozent aller
Hausfrauen sind selber berufstätig und können mittags gar nicht
mehr kochen.

So bleibt also die Werksverpflegung die angenehmste und die
billigste Alternative zum häuslichen Herd. Mehr als zehn Millionen
Arbeitnehmer, also rund 50 Prozent aller Beschäftigten, nehmen
derzeit eine warme Mahlzeit außer Hause ein. Von diesen zehn
Millionen essen ungefähr sieben Millionen in werkseigenen Casinos,
Cafeterias oder Kantinen, die entweder durch eigene Großküchen,
durch Pächter oder durch Großfirmen im sogenannten „Catering"
mit Fertigmahlzeiten versorgt werden.

◊ **Mit Nachschlag**
Im Volkswagenwerk wurde Hackbraten (gut) mit Reibekuchen (gut) ◊
und Rosenkohl (mittelprächtig, da wäßrig) serviert. Das
Stammessen kostet eine Mark, den Rest legt die Firma drauf. Auf
Wunsch gibt's Nachschlag.

**Riesige Portionen**
Die größten Mengen packt man den Leuten von Nordmende in
Bremen auf den Teller: Frikadelle (gut), Zwiebelsoße (würzig, sehr
gut), Kartoffeln (frisch, sehr gut) und grüne Bohnen (gut). Mit 2,30
Mark für das billigste Essen ist der Preis relativ hoch. (Eine Firma
liefert es täglich an.) Das Werk gibt jedoch 1,50 Mark dazu.

**Macht sitzen hungrig?**
Bei Blohm und Voss in Hamburg essen die Angestellten größere
Portionen als die Werftarbeiter. Überall sonst ist es umgekehrt. Es
gab für 1,80 Mark Kohlroulade (Fertigprodukt, nicht gut), Rahmsoße
(gut), Salzkartoffeln (mittelprächtig) und eine Quarkspeise (sehr gut).
◊ Die Firma schießt pro Essen 40 Pfennig zu. Möbel zum Teil mit
Plastik überzogen, weil die Arbeitsanzüge auf einer Werft oft voller
Öl sind.

---

# Die Leibgerichte der Deutschen
Die Köche der Betriebskantinen, in denen sieben Millionen
Menschen täglich essen, haben als Leibspeisen der Deutschen
diese zehn Gerichte ermittelt:

1. Schnitzel, paniert
2. Kotelett, paniert
3. Schweine-oder
   Rinderbraten
4. Hähnchen
5. Bratwurst

6. Eintopf aller Art
7. Schinkennudeln oder
   Spaghetti
8. Frikadellen
9. Gulasch
10. Reibekuchen

Quick

---

*Dem Essen . . . nachgesagt* food in
 German canteens does not exactly have
 the reputation of being mouthwatering.
*Nachschlag* second helping
*Reibekuchen* potato fritters
*schießt . . . zu* contributes

# Es muß etwas geschehen

Ich tat etwas, wozu mich normalerweise keine Macht dieser Welt bringen würde: ich trank auf den nüchternen Magen Orangensaft, ließ den Kaffee und ein Ei stehen, den größten Teil des Toasts liegen, stand auf und marschierte handlungsschwanger in der Kantine auf und ab. ◊

So wurde ich als erster in den Prüfungsraum geführt, wo auf reizenden Tischen die Fragebogen bereitlagen. Die Wände waren in einem Grün getönt, das Einrichtungsfanatikern das Wort „entzückend" auf die Lippen gezaubert hätte. Niemand war zu sehen, ◊ und doch war ich so sicher, beobachtet zu werden, daß ich mich benahm, wie ein Handlungsschwangerer sich benimmt, wenn er sich unbeobachtet glaubt: ungeduldig riß ich meinen Füllfederhalter aus der Tasche, schraubte ihn auf, setzte mich an den nächstbesten Tisch und zog den Fragebogen an mich heran, wie Choleriker Wirtshausrechnungen zu sich hinziehen.

*Erste Frage: Halten Sie es für richtig, daß der Mensch nur zwei Arme, zwei Beine, Augen und Ohren hat?*

Hier erntete ich zum ersten Male die Früchte meiner Nachdenklichkeit und schrieb ohne Zögern hin: „Selbst vier Arme, Beine, Ohren würden meinem Tatendrang nicht genügen. Die Ausstattung des Menschen ist kümmerlich."

*Zweite Frage: Wieviel Telefone können Sie gleichzeitig bedienen?*

Auch hier war die Antwort so leicht wie die Lösung einer Gleichung ersten Grades. „Wenn es nur sieben Telefone sind", schrieb ich, „werde ich ungeduldig, erst bei neun fühle ich mich vollkommen ausgelastet."

*Dritte Frage: Was machen Sie nach Feierabend?* ◊

Meine Antwort: „Ich kenne das Wort Feierabend nicht mehr — an meinem fünfzehnten Geburtstag strich ich es aus meinem Vokabular, denn am Anfang war die Tat."

Ich bekam die Stelle. Tatsächlich fühlte ich mich sogar mit den neun Telefonen nicht ganz ausgelastet. Ich rief in die Muscheln der Hörer: „Handeln Sie sofort!" oder: „Tun Sie etwas! — Es muß etwas geschehen — Es wird etwas geschehen — Es ist etwas geschehen — Es sollte etwas geschehen." Doch meistens — denn das schien mir der Atmosphäre gemäß — bediente ich mich des Imperativs.

Interessant waren die Mittsagspausen, wo wir in der Kantine, von lautloser Fröhlichkeit umgeben, vitaminreiche Speisen aßen. Es wimmelte in Wunsiedels Fabrik von Leuten, die verrückt darauf waren, ihren Lebenslauf zu erzählen, wie eben handlungsstarke Persönlichkeiten es gern tun. Ihr Lebenslauf ist ihnen wichtiger als ihr Leben, man braucht nur auf einen Knopf zu drücken, und schon erbrechen sie ihn in Ehren.

Wunsiedels Stellvertreter war ein Mann mit Namen Broschek, der seinerseits einen gewissen Ruhm erworben hatte, weil er als Student sieben Kinder und eine gelähmte Frau durch Nachtarbeit ernährt, zugleich vier Handelsvertretungen erfolgreich ausgeübt und dennoch innerhalb von zwei Jahren zwei Staatsprüfungen mit Auszeichnung bestanden hatte. Als ihn Reporter gefragt hatten: „Wann schlafen Sie denn, Broschek?", hatte er geantwortet: „Schlafen ist Sünde!"

Wunsiedels Sekretärin hatte einen gelähmten Mann und vier Kinder durch Stricken ernährt, hatte gleichzeitig in Psychologie und Heimatkunde promoviert, Schäferhunde gezüchtet und war als Barsängerin unter dem Namen *Vamp 7* berühmt geworden.

Heinrich Böll, in **Doktor Murkes gesammeltes Schweigen**, Kiepenheuer und Witsch

*handlungsschwanger* bursting with
energy, eager for action
*das Einrichtungsfanatikern*
*hätte* which interior design fanatics
would have described as 'charming'
*nach Feierabend* after work
*promoviert* graduated

# DR. MED., DER
# TRAUMMANN FÜRS LEBEN

Er darf sich jetzt erst recht als „ganz oben" fühlen: Der Arzt genießt in der Bundesrepublik Deutschland das größte Prestige, noch weit vor dem Pfarrer, dem Hochschulprofessor und dem Lehrer. Achtzig Prozent der Bürger rechnen den Mediziner-Beruf zu den Berufen, die sie am meisten schätzen. Den Frauen bedeutet er noch mehr: Für dreißig Prozent ist der Dr. med. der Traummann fürs Leben. Ganz andere Träume haben die Männer. Für 24 Prozent ist der Förster der Traumberuf Nummer eins. Der Arztberuf dagegen erreicht auf der Wunschliste der Männer – noch hinter Pilot, Ingenieur, Lehrer, Mechaniker und Beamter – nur elf Prozent, zugleich Beweis dafür, daß den meisten Männern die Arbeit in freier Natur wichtiger ist als das gesellschaftliche Prestige.

Scala

# 7 Feierabend – und was dann?

## Ganz allein - mit Gitarre und Gesang

Sie schreibt blitzschnell Schreibmaschine, sie spricht fließend Englisch und Französisch, kann gut organisieren und sitzt doch nicht – wie man annehmen könnte – im Direktionsbüro einer Weltfirma. Marén Berg ist Chansonsängerin. Nationalität: deutsch, Wohnort: Paris. Die ehrgeizige, hübsche Frau, 32, hat es sich in den Kopf gesetzt, die Welt mit ihrem Gesang zu erobern – von der Stadt aus, in der die Piaf, die Greco, Barbara berühmt wurden. Sie will es ganz alleine schaffen. Ohne Impresario. Leicht ist das nicht. Nach Paris kam die aus Hannover gebürtige Marén Berg vor zehn Jahren als Au-pair-Mädchen, um Französisch zu lernen. In ihrer Freizeit ging sie ins „Amerikanische Zentrum für Studenten und Künstler", einen Club, in dem begabte Leute aller Nationalitäten und musikalischer Stilrichtungen vor einem jungen und kritischen Publikum spielen und singen konnten. Zuerst hörte Marén Berg nur zu, dann sang sie selbst. Sie gefiel dem Publikum und beschloß, nicht Fremdsprachensekretärin, sondern Chansonsängerin zu werden. Sie nahm Gesangsunterricht, lernte Gitarre spielen und zog mit einer kleinen Musikergruppe durch die Provinz. „Es waren meine Lehrjahre", sagt Marén Berg heute, „ich lernte, mich auf der Bühne zu produzieren, Zwischentexte ohne Stottern zu sprechen, mit Mikros und Beleuchtung umzugehen und mit Veranstaltern zu verhandeln." Und jede Woche einmal, fünf Jahre lang, ging sie weiter ins Amerikanische Zentrum und hörte dort vor allem auch die Lieder, die sie singen wollte, denn sie schreibt und komponiert nicht selbst. Sie sucht heute ihre Lieder bei Anne

Sylvestre, Guy Béart, Maxime Leforestier, singt Volkslieder aus Frankreich und Irland, mittelalterliche Balladen und zeitgenössische Songs, Heiteres und Besinnliches. Manchmal schneidet sie ein Gedicht, das sie mag, aus der Zeitung aus und läßt sich von befreundeten Musikern eine Melodie dazu machen, die ins Ohr geht, „Ich will mit meinen Liedern Geschichten erzählen, ich will die Zuhörer bewegen."

**Brigitte**

# JOGGING

„Komm, lauf mit mir!" forderte er eines Morgens seine Partnerin auf. Begeistert stimmte sie zu.

Auf der Laufstrecke aber war die Begeisterung schnell dahin. Der Mann ihrer Träume tat nämlich genau das, was 90 Prozent aller Männer tun, die ◊ sich „herablassen", mit ihrer Partnerin zu joggen. Er zeigte ihr, was ein ganzer Mann ist, und zog schon nach wenigen Lauf-Metern mit kräftigem Sprint davon. Sie mühte sich gottergeben hinter ihrem „Vorbild" her. bis ihr nach der nächsten Wegbiegung nur noch seine Fußspuren blieben.

Erst ärgerte sie sich über seine männliche Arroganz. Aber dann erwachte ihr weiblicher Trotz. Sie gab das Rennen nicht auf, sondern trabte, einmal warmgelaufen, im stetigen Trott weiter. Der Mann aber maß inzwischen mit anderen Trimm-Trabern die Schnelligkeit seiner Beine, bis er schließlich, müde geworden, im Tempo zurückfiel. Er hatte seine Kräfte überschätzt, bekam Atemnot, Seitenstechen, und der Schweiß ◊ rann ihm in Strömen von der Stirn. Er vermochte sich einfach nicht mehr zu steigern, als seine zäh dahintrabende Partnerin ihn wieder einholte. Jogger und Joggerin passierten gemeinsam das Ziel.

Die Geschichte beweist: Der Unterschied in den Laufleistungen ist bei den Geschlechtern bei weitem nicht so extrem, wie Männer gerne glauben. Auf einer zwei Kilometer langen Strecke macht, selbst bei vollem Einsatz des Mannes, die Zeitdifferenz höchstens zwei Minuten aus. Das schwache Geschlecht kann auf längeren Strecken durchaus mit der „Krone der Schöpfung" Schritt halten. „Sie" darf sich bloß nicht vom schnelleren Start ◊ ihres Lauf-Partners ins Bockshorn jagen lassen. Frauen sind Männern beim Dauerlauf durchaus ebenbürtig.

Medizinisch sieht die Sache so aus:

Frauenherzen haben nur 90 Prozent des Volumens eines Männerherzens. Ihre Lungen haben weniger Atemkapazität, und ihre Knochen sind schwächer. Der wichtigste Unterschied aber ist: Der Körper des Mannes besteht zu 40 Prozent aus Muskeln, der Körper der Frau nur zu 23 Prozent. Dafür hat der weibliche Körper mehr Fettpölsterchen, und das bedeutet: mehr Energie-Reserven!

Weil Frauen mehr Energie zusetzen können, sind sie ausdauernder als Männer! Die Bilanz: Auf kurzen Strecken wird der Mann schneller sein, aber auf die Dauer steckt ihn die Frau ◊ in die Tasche!

**Freizeit Revue**

*sich herablassen* condescend to
*Seitenstechen* stitch
*ins Bockshorn jagen* intimidate
*steckt ihn die Frau in die Tasche* the women gets the better of him, is more than a match for him.

# Yoga macht das Leben leichter

Vor knapp einem Jahr stand sie vor dem ZDF-Portier, wünschte jemand vom „Sport" zu sprechen („Ich kenne hier niemanden") und wurde an den Sportreporter Harry Valérien weitergereicht. „Ich heiße Kareen Zebroff", sagte sie zu ihm, „bin Deutschkanadierin auf Heimaturlaub, habe im Fernsehen gesehen, was man dem Publikum so an »Turn mit«-Sendungen anbietet, und bin der Meinung: Das kann man besser machen – mit Yoga."

Die selbstbewußte Dame bekam nicht nur einen Vorführtermin, beim ZDF war man über das Talent und die Ausstrahlungskraft der Hausfrau aus Vancouver, Mutter dreier Kinder, so begeistert, daß man ihr eine eigene Sendung gab: jeden Freitag. 16 Uhr 30, „Yoga für Yeden" in der „Sport-Information".

Seither räumt Kareen mit stetig wachsendem Erfolg mit dem weitverbreiteten Vorurteil auf, das rund fünftausend Jahre alte Yoga sei nur was für asketische Inder, die stundenlang Kopfstand machen. Bei Kareen Zebroff ist Yoga etwas Alltägliches, ein Hilfsmittel gegen Berufsstreß, Bewegungsarmut, Übergewicht, Verdauungsschwierigkeiten, Rheuma, Kopf- und Rückenschmerzen, Bandscheibenbeschwerden oder eine simple Erkältung.

# Mit Yoga eine glückliche Ehe

Sie empfiehlt: „Fangen Sie an, überwinden Sie den inneren Schweinehund, der Ihnen sagt: Im Urlaub brate ich am liebsten in der Sonne. Gerade im Urlaub ist der Mensch entspannter, aufnahmebereiter. Die einfachen Übungen sind für alle Altersklassen geeignet. Gehen Sie aber nur so weit, wie es die Körperverfassung gestattet. Yoga macht Spaß und ist mehr als nur ◊ »Trimm dich«: Mit Yoga finden Körper und Geist zur Einheit."

Für den Erfolg ihrer „Harmonie-Lehre" ist die blonde Kareen selbst das beste Beispiel. „Mit 20 war ich ein pummeliger Spät-Teenager, der ohne spezielle Interessen so vor sich hinlebte. Yoga hat mein Leben verändert und meine Ehe glücklich gemacht – weil ich selbst glücklich bin."

Für kanadische Fernsehzuschauer ist Glückskind Kareen bereits seit ◊ Jahren ein Dauerbrenner. In den CTV-Studios in Vancouver produziert sie täglich live eine Halbstundensendung „Yoga".
Ihre fünf Yoga-Bücher sind inzwischen auch in Deutschland auf der Bestseller-Liste zu finden: „Yoga für Yeden" und „Yoga für Mütter und Kinder" (Econ Falken-Verlag).

**Bunte**

*ZDF = Zweites Deutsches Fernsehen* one
  of the three German television channels
*Yeden* should be 'jeden', used here as
  pun to follow 'Yoga'
*Bandscheibenbeschwerden* disc
  complaints
*Trimm dich* 'Keep-fit' the name given to a
  popular keep-fit movement in Germany
*Dauerbrenner* well-established favourite

# Wandern schützt vor Herzinfarkt

## Trimm-Test im Gasteiner Tal:
## Was Herz und Lunge den Ärzten
## über Funk verrieten

Am Anfang stand eine tragische Geschichte: Die Patienten mit „Morbus Bechterew", einer schweren rheumatischen ◊ Verkrümmung der Wirbelsäule, fanden in der berühmten Radon-Höhle von Badgastein zwar Linderung ihres Leidens, aber es gab unter den Bechterew-Kranken überdurchschnittlich häufig Todesfälle durch Herzinfarkt. Endlich löste Dr. Walter Schuster, Leiter des Heil- und Kurbetriebs in der Radon-Höhle, das Rätsel: Die Patienten litten beinahe alle, bedingt durch ihre Krankheit, an Bewegungsmangel.

Dr. Schuster wagte das Experiment, seinen Kranken Wanderungen in der frischen Bergluft zu verordnen. Sie trugen dabei Meßgeräte, die die Werte der Körperfunktionen während ◊ des Wanderns per Minisender an eine Empfängerstation funkten und dem Arzt eine genaue Dosierung des Trainings ermöglichten. Das Ergebnis dieser Tests an 1000 Personen war nicht nur eine verblüffende Verbesserung des Gesundheitszustandes der Rheumakranken. Als „Nebenprodukt" fielen unendlich wertvolle Erkenntisse für Gesunde ab. Nämlich: Sie können sich durch Wandern und die dadurch bedingte erhöhte Sauerstoffzufuhr vor Herzinfarkt, Krebs und anderen Zivilisationsschäden schützen.

Allerdings muß Schweiß in Strömen fließen, ehe dieser gesundheitsfördernde Mechanismus einsetzt. Der Körper muß dazu 70 Prozent seiner äußersten Leistungsfähigkeit hergeben. Die Formel lautet: 220 minus Alter minus 30 Prozent. Das heißt: Ein 40 Jahre alter Wanderer muß zum Beispiel einen Puls von 180 minus 30 Prozent haben – gleich 126 Schläge in der Minute.

Trimm-Möglichkeiten bietet das „Wanderbare Österreich" tausendfach. Zur Zeit läuft dort

86

eine Aktion, die von QUICK, dem österreichischen und dem deutschen Sportbund und von der österreichischen Fremdenverkehrswerbung getragen wird: Wer 15 Wanderstunden nachweist, bekommt die goldene Wandernadel.

Quick

*Verkrümmung der Wirbelsäule* twisting of the spinal cord
*per Minisender* by means of a tiny transmitter

# Zuviel Fernsehen macht unsere Kinder krank und dumm

Wer sich ein Urteil über dieses heikle Thema bilden will, wer wirklich wissen will, ob und wieviel Fernsehen unsere Kinder krank macht, der sollte zunächst einige Zahlen kennen, die alarmierend sind:

● Drei bis vier Millionen Kinder in der Bundesrepublik sehen Tag für Tag fern. Die meisten weit über eine Stunde.

● Darunter sind 88 Prozent aller Acht- bis Neunjährigen.

● Jeder vierte Vierjährige guckt sogar etwa 80 Minuten in die Röhre.

●Acht Prozent aller Sechs- bis Achtjährigen sitzen noch um 22 Uhr vor dem Fernseher!

● Das bedeutet doch: Fernsehen ist für unsere Kinder zwischen 5 und 15 Jahren neben der Schule die Hauptbeschäftigung – wichtiger als das Spielen, Rumtoben, Lesen.

Die amerikanische Wissenschaftlerin Marie Winn hat viele hundert Eltern befragt und den Einfluß des Fernsehens auf Kinder untersucht. Sie hat darüber ein Buch geschrieben, das jetzt im Rowohlt-Verlag erschien und 22 Mark kostet. Sie nannte es: „Die Droge im Wohnzimmer".

Hier ihre wichtigsten Thesen:

●Viel Fernsehen macht Kinder eher dumm als klug.

●Wenn Kinder lange ferngesehen haben, sind sie gereizt, unartig, kratzbürstig und explodieren leicht. Marie Winn behauptet, daß sie durchs Fernsehen in einen „Rauschzustand" versetzt werden, der eben einer Droge vergleichbar ist – und daß sie, sobald der Fernseher abgeschaltet wird, mühsam in die Realität zurückfinden müssen.

● Dabei ist es ganz egal, was die Kinder vor dem Fernseher in sich aufgesogen haben. Wörtlich schreibt Frau Winn: „Entscheidend ist allein die Tatsache, daß sie überhaupt fernsehen."

●Weil das Fernsehen dem Kind alles „vorkaut", verpaßt es am ◊ Bildschirm die Chance, selbst zu denken und sich auszudrücken.

● Kinder, die viel fernsehen, erwarten, unterhalten zu werden. Sie sind nicht gewohnt, selbst zu spielen – ganz davon abgesehen, daß die Fernseh-Zeit von der täglichen Spiel-Zeit abgeht.

Marie Winn läßt mehrere Pädagogen zu Wort kommen. Sie berichten, daß Kinder heute mit weniger Phantasie, Neugier und Initiative spielen als frühere Generationen. Und daß sie auch viel früher die Lust an einem Spiel verlieren.

● Vergleichsweise harmlos sind dagegen Konsequenzen des Viel-Fernsehens, die Marie Winn an höheren Schulen beobachtete. ◊Beispiel: „Das ständige Absacken der Zensuren. Es steht in direktem Zusammenhang mit der kontinuierlichen Zunahme der Fernsehgeräte seit 1950."

● Und schließlich schreibt die Wissenschaftlerin – und hier schließt sich der Kreis zur Bierrunde von Kriminalkommissar, Reporter und Psychologe:

„Wer nach einem direkten Zusammenhang zwischen Gewalttätigkeit der Jugend und Gewaltsendungen im Fernsehen ⟩ sucht, befindet sich allerdings auf dem Holzweg.

Das Problem ist nicht, daß Kinder durch die Gewaltszenen im Fernsehen lernen, wie man Gewalttaten begeht (obwohl auch das manchmal der Fall sein mag), sondern daß sie durch das Fernsehen befähigt werden, mit Menschen ihrer Umgebung umzugehen, als ob es sich um Figuren auf dem Bildschirm handele.

Deshalb sind sie auch imstande, sie mit einem Messer oder einem Revolver oder einer Kette ganz einfach ‚auszuschalten', mit ebenso wenig Reue, wie sie ein Fernsehgerät abschalten."

Also doch . . .

Marie Winn kommt zu einem eindeutigen, klaren, kompromißlosen Urteil. Sie rät allen Eltern kurz und knapp: „**Abschalten!**"

Aber geht das denn?

**Das neue Blatt**

*Rumtoben* playing around, romping
*kratzbürstig* touchy, irritable
*vorkauen* to spoon-feed
*Absacken der Zensuren* the marks at school get worse
*befindet sich auf dem Holzweg* is on the wrong track

## Flucht vor den Bildschirm

Die Deutschen haben so viel Freizeit wie noch nie: Bei den Männern sind es 32 Stunden pro Woche, bei den Frauen 28 (wobei Schlafen, Essen und so weiter nicht zur Freizeit gerechnet wurden). Ein reines Vergnügen ist das allerdings nicht. Etwa die Hälfte der Bevölkerung weiß mit ihrer Freizeit nichts anzufangen; am Wochenende bricht die große Langeweile aus. So fliehen viele vor den Bildschirm: Das Fernsehen steht an der Spitze der Wochenend-Beschäftigungen, weit vor Verwandtenbesuch oder Spazierengehen. Das Fernsehen hat aber längst nicht alle Deutschen träge gemacht. Die Zahl der Hobby-Sportler ist in den letzten Jahren stark gestiegen. 21 Prozent treiben regelmäßig, 29 Prozent gelegentlich Sport. An der Spitze liegen das Schwimmen und das Wandern.

**Scala**

## *Das Glück läßt sich nicht betrügen*

Montag abend, 18.30 Uhr: Ein 42jähriger Mann mit Brille und grauen Schläfen fährt in seinem Mercedes durch die Solinger Vereinsstraße. Er sucht das Haus Nummer 50, findet es, findet sogar einen Parkplatz und stellt seinen Wagen mit Münsteraner Kennzeichen ab. Der Mann hat Glück. Auf sein Klingeln wird geöffnet.

„Frau Neuber? Frau Lilo Neuber?"

„Ja."

„Sind Sie die einzige Frau Lilo Neuber hier im Haus?"

„Ja."

„Dann, ja, dann haben Sie 1,5 Millionen Mark im Lotto gewonnen!"

Frau Neuber gehört zu den ganz wenigen Lottospielern, die in der Annahme, sie würden den großen Treffer sowieso nicht erzielen, am Wochenende die Gewinnzahlen und die von ihr getippten Zahlen erst gar nicht verglichen haben.

Klar, daß sie sich nun vor Schreck erstmal in den nächsten Sessel fallen läßt. Ihr Mann versucht sie zu beruhigen. Ruhig bleibt auch der Mann mit der Brille und den grauen Schläfen.

Er, Gerd Neumann, Glücksmann vom Nordwestlotto, kennt diese in solchen Situationen nur zu natürlichen Reaktionen. Da ist der freudige Schrecken, der

Zweifel am riesengroßen Glück, erstmal stärker als der Jubel.

Da dauert es etliche lange Minuten, bis Frau Neuber begreifen will, daß sie nun eine wohlhabende Frau ist, 1,5 Millionen ... ein Traum ist Wirklichkeit geworden. Glücksbote Gerd Neumann wird in den meisten Fällen schon sehnlichst erwartet. Schließlich möchten alle, die — ◊ „ohne Gewähr" — schon seit Samstag abend wissen, daß ihre Kreuzchen richtig gesessen haben, schnellstens die Bestätigung dafür haben.

Der Mann mit den Millionennachrichten läßt bei Tipgemeinschaften besondere Vorsicht walten, weil auf dem Tipzettel meistens nur ein Name Stellvertretend für die Mitgewinner steht: „Dann trommle ich wenigstens drei, vier Mitspieler zusammen, die gemeinsam vor meinen Augen Überweisungen zu gleichen Gewinnanteilen für alle anderen Mitspieler ihrer Gemeinschaft unterzeichnen."

Aus Münster kommt Glücksbote Neumann, weil dort die größte Lotto-Landeszentrale sitzt. Das ist die Geschäftsstelle für Nordrhein-Westfalen.

Abgesehen von den Bewohnern der Stadtstaaten Berlin, Hamburg und Bremen, sind die Nordrhein-Westfalen die spielfreudigsten Bundesrepublikaner.

**Frau im Spiegel**

*die von ihr getippten Zahlen* the numbers on her ticket
*ohne Gewähr* subject to confirmation

# Es steht in den Sternen . . .

**Widder** *21.3. – 31.3.:* Eigentlich wollten Sie sich doch etwas ganz Besonderes aufbauen, nun sind Sie im Experimentieren steckengeblieben. Das wird sich hoffentlich am Dienstag wieder ändern. *1.4. – 10.4.:* Viele Widersprüche in Ihrem Gefühlshaushalt. Ohne eine kleine Lektion kommen Sie da vermutlich nicht heraus. *11.4. – 20.4.:* Wozu führen Sie wegen leichter Vorurteile einen so erbitterten Kampf? Sie sollten nicht mit Kanonen auf Spatzen schießen.

**Stier** *21.4. – 30.4.:* Sie möchten gern wissen, ob jemand Sie „nur" schätzt oder aber liebt. Klopfen Sie am Dienstag mal auf den ◊ Busch. *1.5. – 10.5.:* Ihnen fehlt es momentan an Selbstdisziplin. Deshalb kümmert sich Fortuna nicht um Ihre Interessen. Ziehen Sie daraus jetzt die richtigen Schlüsse. *11.5. – 20.5.:* Wird eine Reise geplant? Sie sollten die Möglichkeit erwägen, sich die nächsten Wochen wenigstens etwas angenehmer zu gestalten, soweit der Beruf das zuläßt.

**Zwillinge** *21.5. – 31.5.:* Privat wie beruflich rechnen Sie kaum mit viel Entgegenkommen. Weshalb also die Unzufriedenheit? Eine geschäftliche Situation scheinen Sie noch nicht ganz zu durchschauen. *1.6. – 10.6.:* Am Samstag sind Sie mit einem Urteil viel zu rasch bei der Hand. Vertreten Sie Montag den eigenen Standpunkt weniger hitzig. *11.6. – 21.6.:* Rechnen Sie sich nüchtern aus, was Risiken jetzt einbrächten: Enttäuschungen und ein Loch im Geldbeutel.

**Krebs** *22.6. – 1.7.:* Das Vertrauen wichtiger Leute zu gewinnen, die Gründe genug haben, damit sparsam umzugehen, wäre Ihnen jetzt möglich. Ist das nichts? *2.7. – 12.7.:* Ihre Unsicherheit läßt Sie höchst aggressiv reagieren, und dann nehmen Sie es noch übel, wenn Sie nicht überall mit offenen Armen aufgenommen werden. *13.7. – 22.7.:* Seelische Konflikte beendet der Freitag, der berufliche Streß aber bleibt. Wenn Sie ihn nicht konsequent abbauen, wäre Ihre Gesundheit bald nicht mehr viel wert.

**Löwe** *23.7. – 2.8.:* Berufliche Veränderungen wären nur zu verantworten, wenn Sie finanziell große Vorteile davon hätten. *3.8. – 12.8.:* Jemand weiß, wie er es anstellen muß, Ihnen Klatsch mundgerecht zu servie- ◊ ren. Aber Sie fallen darauf nicht mehr herein, Sie werden deshalb Ihre Entschlüsse auch nicht ändern. *13.8. – 23.8.:* Kollegiales Entgegenkommen ist Ihnen sicher. Auch mit Behörden kommen Sie gut zurecht. Was jedoch Sonderwünsche angeht, da muß mancher runter vom hohen Roß. ◊

**Jungfrau** *24.8. – 2.9.:* Wären Sie bereit, wegen einer Karriere private Opfer zu bringen? Und – was hält der Partner davon? Das dürfte die schwierigste Frage sein. *3.9. – 12.9.:* Ohne Ihr energisches Zutun ändert sich an der beruflichen Situation nichts. Die Familie ist ganz auf ihrer Seite, auch wenn sie es nicht so zeigen kann. *13.9.–23.9.:* Es soll auch ruhige Wochen geben. Aber vielleicht machen Sie endlich mal für sich etwas mehr daraus.

**Waage** *24.9. – 3.10.:* Für einige werden Neuerungen am Arbeitsplatz höchst unwillkommen sein. Dabei bringen sie eher Vorteile. Jetzt keinen Termin versäumen: *4.10. – 13.10.:* Hoffentlich sagt Ihnen am Wochenende der gesunde Menschenverstand, daß Sie jetzt jemanden (privat oder finanziell) nicht mehr länger hinhalten dürfen. *14.10. – 23.10.:* Man möchte Ihnen gern etwas schmackhaft machen, aber Sie gehen anderen bestimmt nicht auf den Leim. Da gibt es Besseres.

## Skorpion
*24.10. – 2.11.:* Sie haben nichts zu verbergen. Warum sollten Sie irgendwelchen Fragen ausweichen? Partnerschaftsmüde? Leicht deprimiert? Das ändert sich alles rasch wieder. *3.11. – 12.11.:* Streit und Unkorrektheiten sind nicht Ihr Stil. Was gesagt werden muß, das tragen Sie am Montag in aller Ruhe vor. Dann bekommen Sie auch Ihr Recht. *13.11. – 22.11.:* Ein Skorpion, der sich abkapselt, ist nicht in Form. Vielleicht sollten Sie einmal einen Arzt aufsuchen.

## Schütze
*23.11. – 2.12.:* Eine Nachricht könnte wichtig genug sein, um umzudisponieren. Erzählen Sie die Sache anderen so, als handle es sich nicht um Sie selbst. Das wird Ihnen vieles erleichtern. *3.12. – 12.12.:* Warum nicht neue Wege gehen? Die alten beruflichen Gleise werden deshalb noch lange nicht sofort abgerissen. *13.12. – 21.12.:* Amor hat sich in letzter Zeit etwas rar gemacht, aber keineswegs sein Interesse an Ihnen verloren. Er wußte schon, warum er sich so verhielt.

## Steinbock
*22.12. – 31.12.:* Die erfolgsgewohnten Steinböcke haben es momentan schwer. Man gönnt ihnen nämlich ihre (zum Teil leichten) Siege nicht. *1.1. – 10.1.:* Ihr Zorn am Montag hält nicht lange vor, aber er verhilft zu einer erstaunlichen Erkenntnis. Sie erfahren endlich, was Sie immer schon wissen wollten. *11.1. – 20.1.:* Machen Sie Querulanten klar, daß sie durch Mätzchen rein gar nichts erreichen. Gehen Sie Ihren Weg unbeirrt weiter. Er ist richtig.

## Wassermann
*21.1. – 30.1.:* Die Dummheit eines Gegners, der sich im Recht glaubt, setzt ihn außer Gefecht. Machen Sie in Geldangelegenheiten nicht den gleichen Fehler. *1.2. – 9.2.:* Falls Sie lustlos Ihrer Arbeit nachgehen, weil ein Plan nicht aufgegangen ist, so wäre das ein Fehler. In etwa drei Wochen ist es soweit. Dann haben Sie Glück. *10.2. – 18.2.:* Ein reizvolles privates Erlebnis wird ein Intermezzo bleiben müssen. Da hat jemand ältere Rechte.

## Fische
*19.2. – 1.3.:* Was Sie als Zufall oder einfach als Glück ansehen, ist in Wahrheit Ihr Können. Darauf läßt sich was aufbauen. *2.3. – 10.3.:* Flüchtige Erlebnisse. Auch ernste. Es wird Ihnen nicht leichtfallen, sich da durchzufinden. *11.3. – 20.3.:* Was Ihnen ein Tag zuschustert, holt sich der zweite wieder. Hauptsache, zu guter Letzt geht die Rechnung zu Ihren Gunsten auf. Das bezieht sich sowohl auf den beruflichen als auch auf den privaten Sektor. Eigentlich ein guter Grund zum Feiern.

Quick

*mit Kanonen auf Spatzen schießen* take a
  sledgehammer to crack a nut
*auf den Busch klopfen* sound someone
  out
*Klatsch* gossip
*vom hohen Roß* from your high horse
*sich abkapseln* shut oneself off
*umdisponieren* make other arrangements,
  rearrange your day

# Wörter-Quiz

Was bedeuten die folgenden 7 Wörter? Kreuzen Sie bitte jeweils die Erklärung an, die Sie für richtig halten. Sie können dann unten nachlesen, ob ihre Entscheidung richtig war.

1 **Akkumulation** —
A: Batterieladestation.
B: Anhäufung.
C: Art von Wolkenbildung.
2 **Condor** — A: chilenische Münzeinheit. B: Fischadler.
C: Fremdwort für einen Durchgang bei Pferderennen.
3 **Exposé** — A: Ausfuhrgüter.
B: Bericht, Darlegung, Denkschrift. C: Ausstellungsstück im Museum.

4 **Hypotenuse** —
A: Kreditnehmerin. B: eingebildeter Kranker. C: Seite im rechtwinkligen Dreieck.
5 **Jupiter** — A: Figur im Kölner Karneval. B: größter Planet unseres Sonnensystems. C: Mundschenk des Zeus.
6 **Minotaur** — A: Ungeheuer der griech. Sage, halb Mensch, halb Stier. B: katholischer Kleriker. C: Minnesänger in England.
7 **Namur** — A: Pampasstrauß. B: Strom in Asien. C: Stadt in Belgien.

Ihre Entscheidung war richtig, wenn Sie so getippt haben.

1B 2B 3B 4C 5B 6A 7C

Frau im Spiegel

## Zahlenrätsel

Jede Zahl bedeutet einen Buchstaben. Wenn Sie die gesuchten drei Wörter richtig entziffert haben, setzen Sie die „Zahlenbuchstaben" in die unterste Reihe ein, und das Lösungswort: ein beim Fernsehen immer wiederkehrender Begriff ist gefunden.

BELIEBTE SUEDFRUCHT  6 3 6 3 6 1

SCHREIBMATERIAL  5 6 5 0 2 8

DEUTSCHER MALER  4 7 2 8 2 8

1 2 3 4 2 5 6 7 1 2

Neue Welt

Lösung:
SENDEPAUSE

**NEUE WELT**

**Bestellschein**
# Computer-Horoskop
## mit großem Gesundheitsteil

Ich bestelle für mich persönlich ein individuell berechnetes, acht Seiten langes Computer-Horoskop mit Analyse meiner Geburts-Planeten, meinen Zukunfts-Tendenzen für die nächsten 12 Monate und tagesgenau erstelltem astrologischem Kalender. Hierfür mache ich diese Angaben:

**8** Meine Anschrift lautet:  Herr ⬜1  Frau ⬜2  Fräulein ⬜3

**9** Familien-
name

Vorname

Untermieter
bei

**36** Straße und
Haus-Nr.

**58** Postleitzahl ◊
u. Wohnort

**2**
**9**
Ich bin weiblich/verheiratet . ⬜ 1      männlich/verheiratet . . . . . . ⬜ 5
   geschieden . . . . . . ⬜ 2      geschieden . . . . . . . . . . . ⬜ 6
   verwitwet . . . . . . . ⬜ 3      verwitwet . . . . . . . . . . . . ⬜ 7
   ledig . . . . . . . . . ⬜ 4      ledig . . . . . . . . . . . . . ⬜ 8

**10** Lohn/Gehaltsempfänger/in . ⬜ 1      Lehrling/Anlernling . . . . . . ⬜ 4
   Selbständig . . . . . ⬜ 1      Schüler/in . . . . . . . . . . . ⬜ 5
   Hausfrau . . . . . . . ⬜ 2      Pensionär oder Rentner/in . . ⬜ 6
   Student/in . . . . . . ⬜ 3      nichts Vorhergenanntes . . . ⬜ 7

**11** Ich wurde geboren am
(Mindestalter 16 Jahre)
Tag Monat Jahr    **17** um    Std. Min.

Geb.-Datum
und -Zeit
zweistellig.
Kein Jahr-
hundert.
Beispiel:
03. 01. 98
um 09.30

in _____
Geburtsort

Kreisstadt: _____ Land: _____

Ich kennzeichne in der folgenden Landkarte des deutschen Sprachraums jenes kleine Kästchen, in dem mein Geburtsort liegt, durch ein kräftiges Diagonal-Kreuz (X) von Ecke zu Ecke: (Ein Beispiel hierfür links oben in der Karte.)

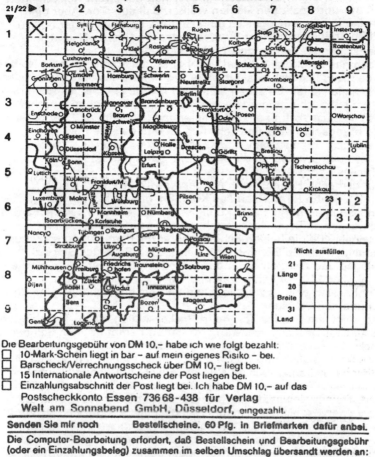

Die Bearbeitungsgebühr von DM 10,– habe ich wie folgt bezahlt:
- ☐ 10-Mark-Schein liegt in bar – auf mein eigenes Risiko – bei.
- ☐ Barscheck/Verrechnungsscheck über DM 10,– liegt bei.
- ☐ 15 Internationale Antwortscheine der Post liegen bei.
- ☐ Einzahlungsabschnitt der Post liegt bei. Ich habe DM 10,– auf das
  Postscheckkonto Essen 736 68-438 für Verlag
  Welt am Sonnabend GmbH, Düsseldorf, eingezahlt.

Senden Sie mir noch     Bestellscheine. 60 Pfg. in Briefmarken dafür anbei.

Die Computer-Bearbeitung erfordert, daß Bestellschein und Bearbeitungsgebühr (oder ein Einzahlungsbeleg) zusammen im selben Umschlag übersandt werden an:

# NEUE WELT · Postfach 8509 · 4000 Düsseldorf 1
Neue Welt

*Postleitzahl* Post Office Code
*Verrechnungsscheck* crossed cheque

# ◊ Diese Frauen sind Weltklasse

„Schlag zu, Chinny!" Christina Moser holt mit ihrem Holzschläger weit aus und knallt den kleinen weißen Ball aufs Tor. Aber die Torhüterin hält; sie legt sich einfach quer. Es steht weiter null zu null im Trainingsspiel der bundesdeutschen Hockey-Nationalmannschaft der Frauen gegen Blau-Weiß Köln.

„Mach das Spiel breit, Diana!" schreit Bundestrainer Werner Nowak. Diana Kress löst sich aus der Mitte des Spielfeldes und läuft an der Seitenlinie weiter. So also macht man das Spiel breit. Ich lerne dazu. Vorher habe ich schon erfahren, daß eine Feldhockeymannschaft einschließlich Torfrau aus elf Spielerinnen besteht, daß der Ball aus lederbezogenem Kork und sehr hart ist und daß die hockeyspielenden Frauen „Damen" genannt werden. Das klingt zwar gestelzt und erinnert an die Aufschrift von Klotüren, ist aber offizielles Sportfunktionärsdeutsch.

„Gut gemacht, Henne!" ruft Werner Nowak. „Henne" ist die Sportstudentin Birgit Hahn aus Köln. Sie hat, erklärt mir der Bundestrainer, gerade einen Ball „schön abgefälscht". Ich habe das ◊ nicht gesehen. Beim Hockey geht alles rasend schnell. Mir ist rätselhaft, wie die beiden Schiedsrichter bei dem Tempo erkennen können, ob die Spielerinnen mit der flachen Seite des Stockes schlagen und nicht etwa mit der gewölbten, was verboten ist. Die Regeln beim Hockey ähneln denen vom Fußball, sind aber komplizierter, weil es zwei sogenannte Spielgegenstände gibt, den Ball und den Schläger.

Jetzt knallt ein Ball ins Tor. Beim Hockeyspielen macht Torschießen Krach. Laut wird es auch, wenn im harten Kampf um den Ball die Stöcke der Spielerinnen gegeneinanderklacken. Die Frauen brauchen Kraft, Schnelligkeit und Ausdauer. Und das merkt man diesem Trainingsspiel an. „Aber sie sind noch nicht gut genug", kommentiert ein fachmännischer Zuschauer, der neben dem Tor steht. Trainer Nowak beobachtet das Spiel genau. Noch sind die Frauen nervös, nicht aufeinander eingespielt. Sie müssen sich erst warm laufen, zum Teil auch miteinander warm werden. Trainer ◊ Nowak erprobt bei diesen Trainingsspielen neue Spielerinnen und neue Mannschaftszusammensetzungen. Und man merkt schnell: Die Frauen spielen hauptsächlich für ihren Trainer. Jede von ihnen möchte sich in diesen Monaten unbedingt für einen Stammplatz in ◊ der Nationalmannschaft qualifizieren. Und das aus gutem Grund.

**Brigitte**

---

*abgefälscht* turned the ball (thereby
  beating the opposing player)
*miteinander warm werden* to get used to
  each other
*Stammplatz* regular place

# KEVIN KEEGAN

**Bürgerlicher Name:** Kevin Keegan
**Geburtstag:** 14. Februar 1951
**Geburtsort:** Doncaster/England
**Haarfarbe:** braun
**Augenfarbe:** braun
**Mutter:** Doris – Hausfrau
**Vater:** Joe – Bergmann (gestorben 1976)
**Geschwister:** Mike, Mary
**Verheiratet:** mit Jean (geb. 1956) seit 1974
**Kinder:** Laura-Jane (geb. am 15. 11. 1978)
**Werdegang:**
Als Teenager träumte Kevin davon, einmal ein berühmter Torwart zu werden. Jahrelang stand er mit Begeisterung im Tor seiner Schulmannschaft in Doncaster. Als er mit 15 dann nicht mehr weiterwuchs, flog er raus, weil ihn seine Mannschaftskameraden mit seinen 1,68 m für zu klein fürs Tor hielten. Auch der Lokalverein Doncaster Rovers wollte den „Kleinen" nicht haben. Doch Kevin brauchte Geld. Also nahm er in einem Lagerhaus einen Job als Bürohilfe an. Die Arbeit machte ihm zwar wenig Spaß, doch die Hauptsache war, daß er in der Firmenelf in der Reserve kicken durfte. Als sie einmal gegen eine Kneipen-Mannschaft antraten, hatte Kevins große Stunde geschlagen: Ein Manager des FC Scunthorpe sah ihn und holte ihn in seinen Verein. Doch der Start als Fußball-Profi war für den 17jährigen Kevin alles andere als rosig. Als „Lehrling" mußte er vor allem die Duschräume und die Umkleidekabinen seiner Mannschaftskollegen putzen. In jeder freien Minute trainierte er mit Gewichten, um kräftigere Muskeln zu bekommen. Langsam und verbissen arbeitete er sich nach oben. Mit 20 hatte Kevin es geschafft; er gehörte zur ersten Mannschaft von „Scunthorpe United". Als 1971 der Team-Manager des FC Liverpool den kleinen drahtigen Stürmer sah, war er begeistert. Für Kevin ging ein Traum in Erfüllung: Er durfte in den angesehenen Verein aufsteigen. In den folgenden sechs Jahren gewann Kevin mit Liverpool dreimal die englische Meisterschaft, den englischen Pokal, den UEFA- und den Europa-Cup. Die Fans von „Liverpool" nannten ihn liebevoll „Mighty Mouse" (Mächtige Maus), weil er zwar klein war, aber flink und unerschrocken kämpfte. Doch der ehrgeizige Kevin wollte noch mehr erreichen, er liebäugelte mit dem Ausland. Als er 1977 ein gutes Angebot vom Hamburger SV bekam, griff er zu. Zwei Millionen Mark Ablöse legten die Deutschen auf den Tisch vom FC Liverpool, und Kevin konnte mit seiner Frau Jean nach Hamburg übersiedeln. Inzwischen ist der erfolgreiche Ball-Artist vom HSV nicht mehr wegzudenken. Denn ihm ist es größtenteils zu verdanken, daß der HSV 1979 zum erstenmal nach 19 Jahren wieder Deutscher Meister wurde. Im selben Jahr hat der Superstar der Bundesliga sogar eine zweite Karriere gestartet: Als Sänger hat er mit der englischen Pop-Gruppe Smokie die Single „Head over Heels in Love" (Hals über Kopf verliebt) produziert, die sich inzwischen zu einem Hit gemausert hat. Trotzdem will Kevin auch in Zukunft in erster Linie am Ball bleiben.
**Single:** 1979 – „Head over Heels in Love"

**Autogrammadresse:** Kevin Keegan, c/o Hamburger SV, Rothenbaumchaussee 115, 2000 Hamburg 13

# 8 Ost und West

## Denk ich an Deutschland . . .

Wenn die Deutschen an Deutschland denken, sehen sie nicht Wiesen und Wälder vor sich, sondern vor allem die Industrie. Das ergab eine Umfrage, bei der 15 Begriffe vorgelesen wurden. Die Befragten hatten dann zu sagen, ob man dabei auch an die Bundesrepublik Deutschland denken könne. Ganz oben rangierten neben der Industrie Begriffe wie Heimat, Leistung, die deutsche Teilung und der◊ Fortschritt. Nur Mittelwerte erreichten dagegen Burgen und Schlösser, Sauberkeit, Ansehen in der Welt und grüne Wiesen. An Soldaten denken nur wenige, wenn von der Bundesrepublik Deutschland die Rede ist, und der Begriff „Weltmacht" steht weit abgeschlagen am Schluß der Liste

**Scala**

*die deutsche Teilung* the division of Germany into two states after the war

## Übergänge nach Ostberlin.

**Für westdeutsche Besucher:**
Die Übergänge Bornholmer Straße und Heinrich-Heine-Straße (Moritzplatz) können von Fußgängern und von Autofahrern benutzt werden, der Übergang auf dem Bahnhof Friedrichstraße ist nur mit der U-Bahn oder der S-Bahn zu erreichen. Die Übergänge sind zum Betreten Ostberlins von 7 bis 20 Uhr, zum Verlassen bis 24 Uhr geöffnet.

**Für ausländische Besucher:**
Ausländische Besucher passieren den internationalen Übergang Friedrich- Ecke Zimmerstraße (Checkpoint Charlie). Der Übergang ist Tag und Nacht geöffnet. Außerdem können Ausländer mit U- oder S-Bahn zum Bahnhof Friedrichstraße fahren (7 bis 24 Uhr) und den dortigen Übergang benutzen.

Für westdeutsche und ausländische Besucher: Stadtrundfahrten von Berlin (West) ausgehend nach Ostberlin werden von 3 in Berlin (West) konzessionierten Stadtrundfahrtunternehmen durchgeführt. Alle anderen Omnibus-Stadtrundfahrten durch Ostberlin müssen vorher in Ostberlin beim Reisebüro der DDR, Berlin Information, DDR 102 Berlin, Berolinastraße 7, angemeldet werden. Der Reisepaß ist mitzunehmen. DM-Beträge und Beträge in Währungen der westlichen Länder können in unbegrenzter Höhe mitgeführt werden. Die ◊ Ein- und Ausfuhr von Mark der DDR sowie osteuropäischer Währungen ist verboten.

Verkehrsamt Berlin

*Die Ein- und Ausfuhr . . .* The official exchange rate of West German Marks and East German Marks is 1:1. In fact, banks in the West offer a much more favourable rate

# Was weißt du von der Mauer?

*Auf diese Frage antworteten Ulmer Schüler*

■ Wir sind zu Verwandten gefahren und kamen zur Grenze, da waren viele Grenzpolizisten und haben uns kontrolliert und unter die Sitze geguckt und unser Auto untersucht. Es hat ungefähr eine Stunde gedauert. An der Grenze war ein kleiner Berg und eine kleine Schlucht, und da sind wahrscheinlich die Selbstschußgeräte eingebaut. Es war richtig ein kleiner Dschungel. Da standen auch Zigeuner, und die haben sie doppelt durchsucht.
Jochen Sch., *9 Jahre*

■ Berlin war früher die Hauptstadt. Die Russen haben Berlin besetzt. Die Mauer wurde vor 16 Jahren erbaut, schon unter dem Honecker, glaube ich. Die Mauer steht, weil zu viele Leute aus der DDR fliehen würden, weil sie nur die SED haben und außerdem nicht demokratisch sind. In fremde Länder dürfen sie nur als Opa und Oma reisen und mit Sondergenehmigung.
Jörg W., *11 Jahre*

■ Die Mauer steht wegen dem Krieg, weil der Ostblock ein anderes Wirtschaftssystem hat wie wir. Mehrere Leute sind im Krieg geflüchtet, da hat die DDR gesagt »Es geht nicht so weiter!« und hat dann die Mauer gebaut. Die Mauer wird schwer bewacht mit Selbstschußanlagen und Wachttürmen und Flutlicht für die Nacht.
Frank B., *12 Jahre*

■ Ich weiß halt, daß die da drüben sozusagen eingesperrt sind im Vergleich zu uns und daß sie nicht so große Redefreiheit haben. Als wir mal zu unserer Tante in Jena gereist sind, da mußten wir unsere ganzen Koffer aufmachen. Wir haben unseren Verwandten ein paar Fachbücher mitbringen wollen, die haben sie uns an der Grenze abgenommen und gesagt, sie hätten genauso gute Bücher wie wir.
— Auf der Rückreise haben wir die Autositze hochklappen müssen, ob niemand darunter liegt. Bei den Paßbildern gucken sie, ob das auch die Leute sind, die im Auto sitzen.
Dorothee B., *13 Jahre*

*Selbstschußgeräte* a relatively new
addition to the deterrents at the border.
These are automatic devices which, when
triggered by anyone attempting to cross
the border, fire small sharp
pieces of metal
*SED = Sozialistische Einheitspartei
Deutschlands* the major political party in
East Germany

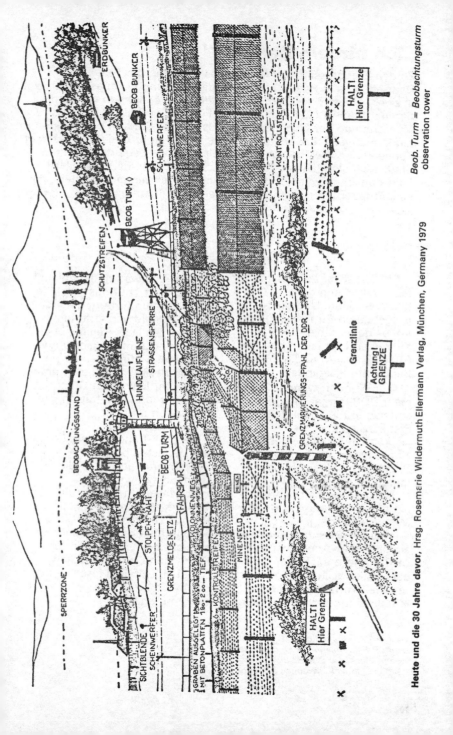

SPERRZONE

ERDBUNKER

BEOB BUNKER

BEOB TURM ◇

SCHEINWERFER

SCHUTZSTREIFEN

10 m. KONTROLLSTREIFEN

HALT!
Hier Grenze

BEOBACHTUNGSSTAND

HUNDELAUFLEINE

STRASSENSPERRE

SICHTBLENDE

SCHEINWERFER

STOLPERDRAHT

BEOBTURM

GRENZMELDENETZ

FAHRSPUR

KOLONNENWEG

GRABEN AUSGELEGT
MIT BETONPLATTEN 1bo-2 oo.- TIEF

6 m. KONTROLLSTREIFEN

MINENFELD

GRENZMARKIERUNGS-PFAHL DER DDR

Grenzlinie

Achtung!
GRENZE

HALT!
Hier Grenze

**Heute und die 30 Jahre davor,** Hrsg. Rosemarie Wildermuth Ellermann Verlag, München, Germany 1979

*Beob. Turm = Beobachtungsturm*
*observation tower*

# „Ich bin ein Berliner"

Zu den Ergebnissen des Weltkrieges gehörten die Teilung Deutschlands in zwei Staaten und die Spaltung Europas, ja der Welt in zwei Machtblöcke. Zum Symbol dieser Trennungen wurde die Berliner Mauer, 1961 von der DDR-Führung veranlaßt, um die Menschen an der Flucht aus dem Ostteil der Stadt in den Westen zu hindern. Zwei Jahre später versicherte der amerikanische Präsident Kennedy den Westberlinern, daß die USA die Lage der geteilten Stadt stets als Maßstab für die Beurteilung der internationalen Politik ansehen würden. Sein Ausspruch „Ich bin ein Berliner" war eine Erneuerung der amerikanischen Garantien für das freie Berlin.

Scala

## Fluchtwege

Die DDR-Grenze ist mit ihrem Metallgitterzaun genau 1211 Kilometer lang. Und die ausgebauten Streifenwege der ◊ Vopos gehen über 1282 Kilometer. Hier lauert der Tod in 910 Erdbunkern und auf 679 Beobachtungsständen.

Kein Wunder, wenn immer mehr DDR-Bürger über den Luftweg in die Freiheit fliehen. Erst kürzlich kam die vierköpfige Familie eines Flugzeugmechanikers aus Dresden mit einer Motormaschine im Tiefflug im Westen an – der Mann hatte vorher noch nie am Steuerknüppel einer Motormaschine gesessen.

Im Juli dieses Jahres gelang ein ähnliches Abenteuer vier DDR-Bürgern mit einem zuvor in der Landwirtschaft beim Sprühen von Desinfektionsmitteln eingesetzten Flugzeug.

Und im Mai war ein Ingenieur aus Suhl im Thüringer Wald in der Nähe von Coburg gelandet.

Ebenso wie den Luftraum brachte das DDR-Regime auch die See noch nicht ganz unter Kontrolle. Mutige Männer und Frauen riskieren deshalb immer wieder ihr Leben auf Gummibooten und Luftmatratzen, auf Autoreifen und mit Schwimmwesten.

Die DDR-Behörden sind durch ◊ den neuesten peinlichen Zwischenfall gewarnt. Alle Grenzposten wurden angewiesen, in Zukunft ihr verstärktes Augenmerk auf Ballons zu richten. Wir dürfen schon heute gespannt sein, was sich der nächste Bürger der Deutschen Demokratischen Republik einfallen lassen wird, um in die Freiheit zu entkommen.◼

Bunte

Vopos = Volkspolizisten East German police
Die DDR-Behörden ... gewarnt reference
to the successful attempt by an East
German family to escape in a balloon.

# 9 Was wird aus der Umwelt?

## Atomkatastrophe.
## Die Angst vor der Zukunft wird immer größer

**Dieser Schock traf die ganze Welt. In der amerikanischen Stadt Harrisburg kam es zu dem bisher schwersten Unfall in einem Atomkraftwerk. Eine Million Menschen waren in Gefahr. Wissenschaftler hatten die Möglichkeit einer solchen Katastrophe lange bestritten oder immer wieder verharmlost ◊**

Am letzten Mittwoch im März waren plötzlich 17 000 Jahre um. In der amerikanischen Stadt Harrisburg und im gesamten US-Bundesstaat Pennsylvania bereiteten sich eine Million Menschen voller Angst auf die Evakuierung vor. Der GAU war da.

Die Abkürzung GAU bedeutet: größter anzunehmender Unfall in einem Kernkraftwerk. Wissenschaftler haben mit Computern ausgerechnet, daß die Menschheit nur alle 17 000 Jahre eine Atomreaktor-Katastrophe zu fürchten habe. Sie legten sich aber nicht fest, wann innerhalb von 17 000 Jahren der Tag X ist. Er kam blitzartig wie ein Überfall.

Das haben wir mal alle im Kino gesehen. Verlassene Straßen, durch die Laut-sprecherwagen der Polizei fahren. Geschlossene Schulen. Ausgangssperre. Spezial-fahrzeuge mit Bleiladungen, die vor Strahlen schützen sollen. Heulende Sirenen. Verstörte Menschen auf der Flucht. Aufrufe über Radio und Fernsehen. Der Präsident am Katastrophenort. Krisenstäbe, bei denen pausenlos die Telefone läuten.

Es war kein Kino mit anschließender Entspannungs-zigarette. Das alles ist wirklich passiert. Wahr ist auch, daß Wissenschaftler der amerikanischen Atomkontroll-kommission wieder einmal den Computer bemühen, um eine Erklärung für das Schreckliche zu finden. Beim elektronischen Durchspielen aller möglichen Unfälle hatte der Computer zumindest einmal gepaßt. Eine explosiv werdende radioaktive Giftblase im Reaktor hatte er nicht im Programm. Genau diese Giftblase war es, gegen die die Retter in Harrisburg ankämpften.

Sie kämpften auch gegen die Folgen von „schuldhaftem menschlichen Verhalten", das jetzt den Technikern angelastet wird. Ein Atomreaktor wird zum todesspeienden Vulkan, wenn ihm das Kühlwasser für die ◊ Brennstäbe ausgeht. Das war in Harrisburg nach dem Ausfall der Hauptkühlung passiert.

Es gibt eine Notkühlung. Aber sie versagte, weil sie von den Menschen nicht richtig bedient wurde. Erst dann kann das Entsetzliche passieren. Ein Durchschmelzen des Reaktorkerns. Dabei wird die Kraft von 1000 Hiroshima-Bomben frei.

Tückischer Dampf zischte aus einem der Türme. Immer wieder gingen radioaktive Wolken über dem Land nieder. Aus ihnen kann der lautlose, langsame Tod kommen. Durch Blutkrebs und Vererbungsschäden.

Harrisburg — ein kleines Hiroshima mitten im Frieden? Schon sind unsere Experten wieder am Streiten. Die einen spielen die Gefahr herab. Die anderen fordern das schnelle Ende der neuen Technik.

**Neue Revue**

*verharmlost* played down
*gepaßt* given up
*Brennstäbe* fuel rods

# 40 000 Menschen riefen in Hannover: Gorleben soll leben

Deutschland erlebte gestern die bisher größte Demonstration von Kernkraftgegnern. Mehr als 40 000 Menschen zogen durch die Straßen von Hannover.

In dem zehn Kilometer langen Demonstrationszug marschierten auch viele hundert Kommunisten. Sie trugen Sturzhelme, Gasmasken und Schlagstöcke.

Niedersachsens Polizei gab Alarm. Mehr als tausend Polizisten waren einsatzbereit. Doch es gab nur einen Zwischenfall: Landwirte aus Gorleben — dort soll ein ◊ atomares Entsorgungszentrum entstehen — ließen die Luft aus den Autoreifen von Kommunisten.

Die Demonstranten bewarfen die Polizisten mit Blumen. Auf ihren Transparenten stand: ,,Gorleben soll leben".

Bei einer Kundgebung auf dem Klages-Markt erklärten Sprecher ◊ von Bürgerinitiativen am Mittag: Die Katastrophe von Harrisburg kann sich jeden Tag in Deutschland wiederholen."

Am Nachmittag empfing Ministerpräsident Ernst Albrecht 250 Kernkraftgegner zu einer Diskussion. Sie fand in einem Hannoveraner Gymnasium statt, 500 Polizisten sicherten das Gebäude.

Ebenfalls in Hannover wurde gestern das Wissenschaftler-Hearing über das Entsorgungszentrum in Gorleben fortgesetzt. Der US-Professor Jan Beyea sagte: ,,Ein Unfall im Atom-Zentrum hätte verheerende Folgen für weite Teile Norddeutschlands."

Der ,,Bundesverband Bürgerinitiativen Umweltschutz" (BBU) forderte gestern in Karlsruhe Bundeskanzler Helmut Schmidt auf, einen Betriebsstopp für alle Kernkraftwerke zu verfügen. Der Kanzler müsse jetzt im Interesse der Sicherheit handeln.

Schleswig-Holsteins Ministerpräsident Gerhard Stoltenberg appellierte gestern in Norttorf bei Neumünster an alle Politiker, die ,,mächtige Strömung für den Umweltschutz" zu beachten.

Der SPD-Vorsitzende Willy Brandt sagte in Itzehoe: Das Unglück von Harrisburg werde ,,weltweit zu einem Bedenken bei der Kernenergie führen".

**Welt am Sonntag**

*atomares Entsorgungszentrum* nuclear processing plant
*Bürgerinitiativen* citizens' action groups

# Das Wasser wurde zum größten Wegwerfartikel der Menschheit

Ein Bericht von Sebastian Knauer

Fast zwei Tage lang strömte das Gift aus. Erst als Tausende von toten Fischen auf dem Hamburger Moorfleeter Kanal trieben, wurde die Panne behoben. Durch das Leck im Kühlwassersystem des Chemiewerks Boehringer waren hochgiftige Rückstände aus der Produktion von Pflanzenschutzmitteln in die Elbe gelangt.

Auch die Panne, die sich eine Woche später am 30. Juli 1979 in Frankfurt ereignete, wurde erst bemerkt, als es zu spät war und auf dem Main auf 250 Meter Breite verendete Fische trieben. Im Chemiewerk Griesheim der Hoechst AG. war bei Reinigungsarbeiten Giftschlamm in den Fluß gelangt. Die Konzentration war so hoch, daß zwei Tage später weit unterhalb der Einmündung des Mains in den Rhein noch bei Rüdesheim Fische daran zugrunde gingen.

Das Fischsterben von Hamburg und Frankfurt ist die Folge von Pannen im Betrieb, doch Pannen gehören seit 30 Jahren zum Alltag der Industrie. Unbemerkt werden täglich gefährliche Abwässer in unsere Flüsse geleitet. Im Rhein schwimmt so viel Dreck, daß sogar im offenen Meer die Seehunde am Quecksilber aus dem Strom krepieren. Sterbende Fische und Seehunde sind die Vorboten einer drohenden Katastrophe. Ihr Tod setzt deutliche Zeichen für den Raubbau an einer der wichtigsten Lebensgrundlagen des Menschen, dem Wasser.

In einem ständigen Kreislauf verdunstet diese Verbindung aus zwei Teilen Wasserstoff und einem Teil Sauerstoff auf den Weltmeeren, kondensiert zu Wolken und fällt als Niederschlag auf das Land. Wasser ist Voraussetzung für die Existenz von Pflanzen, Tieren und Menschen. Es scheint so, als sei genug davon da, denn die Erde ist zu 71 Prozent mit Wasser bedeckt. Doch nur 2,8 Prozent davon sind als Süßwasser für den Menschen genießbar. Und mit diesem Rest geht er leichtfertig um.

**Stern**

Länder wie die Bundesrepublik scheinen in Wasser zu schwimmen. Verregnete Sommer, reichlich Schmelzwasser, Überschwemmungen. Kein Scheich kann den Wasserhahn zudrehen. Es fließt uns zu, allzeit und überall verfügbar, preisgünstig zu gewinnen und nach Gebrauch einfach abzuleiten. „Das Wasser", sagt Professor Carl Franz Seyfried von der Technischen Universität in Hannover, „wurde zum größten Wegwerfartikel der Menschheit."

Doch mit dem billigen Naß geht es zu Ende, und die Folgen werden schlimmer sein als die der Energieverknappung. Ohne Atomstrom, droht die Atomstromindustrie, gehen in den 80er Jahren die Lichter aus. Ohne Wasser jedoch erlischt alles Leben.

# Gefahren für die Umwelt

Als 1962 in Nordrhein-Westfalen, dem größten Land der
Bundesrepublik Deutschland, der Landtag neugewählt
wurde, lautete der Slogan einer Partei im Wahlkampf: Der
Himmel über Rhein und Ruhr muß wieder blau werden.
Viele hielten das damals für eine romantische Forderung.
Heute ist Umweltschutz eine der wichtigsten Aufgaben
nationaler, zum Teil auch internationaler Politik. Die
Bevölkerung sieht immer deutlicher, daß Umweltschutz
jeden einzelnen angeht, wenn sein und seiner Kinder
Leben lebenswert bleiben soll. Woher kommen die
Gefahren?

In „Verdichtungsräumen", also in dichtbevölkerten
Gebieten mit viel Industrie und starkem Verkehr, nimmt
die Luftverschmutzung besorgniserregend zu. Wenn der
Luftaustausch in der Atmosphäre durch das Wetter
beeinträchtigt wird, entstehen gefährliche „Smog"-
Situationen. Die durchschnittliche Flächenbelastung durch
Luftverschmutzung ist in der Bundesrepublik Deutschland
siebenmal größer als in den Vereinigten Staaten von
Amerika. Verursacher sind vor allem Verkehr, Kraftwerke
und andere industrielle oder gewerbliche Anlagen, dazu
die Hausfeuerung. Gesamtemissionen 1969/70 in Millionen
Tonnen:

| | |
|---|---|
| Schwefeldioxid | 4 |
| Kohlenmonoxid | |
| (allein vom Kraftwagen) | 8 |
| Kohlenwasserstoffe | |
| (mit zum Teil krebserzeugendem Benzypren) | 2 |
| Blei | 0,007 |

Konzentrationen solcher Schadstoffe gefährden Menschen, Tiere und Pflanzen. Wissenschaftler haben erklärt, es bestünden enge Zusammenhänge zwischen der Zunahme der Krebserkrankungen und der steigenden Luftverschmutzung. Messungen in der Münchener Innenstadt ließen erkennen, daß in den Hauptverkehrszeiten über Stunden die zulässigen Höchstwerte an giftigem Kohlenmonoxid überschritten waren. Noch 200 Meter von Autobahn und Bundesstraßen entfernt wird auf Feldern und Viehweiden ein hoher Bleigehalt gemessen.

Mit zunehmender Verschmutzung der Gewässer wird der Wasserhaushalt gestört. Die Selbstreinigungskraft der Flüsse und Seen ist bald überfordert. Die Verschmutzung des Rheins, der viele Millionen Menschen mit Trinkwasser versorgen muß, ist heute zwanzigmal höher als 1949. Mehrere Zuflüsse des Stroms sind biologisch tot. Der Bodensee, größtes deutsches Binnenmeer, wird in wenigen Jahren seine Selbstreinigungskraft verloren haben.

**Presse- und Informationsamt der Bundesregierung**

# Deutschland auf Sparflamme ◊

## Ein Bericht von Arnim v. Manikowsky

Meiner Bäckersfrau fiel es gleich auf: Der Parkplatz war leer. Die
Herren der Schöpfung, die samstags brötchenholend einen Beitrag
zur Haushaltsführung leisten, hatten ihre Wagen in der Garage
gelassen. »Die meisten kommen jetzt zu Fuß oder mit dem Rad«,
sagte sie. Und den Sportwagenfahrer aus meiner Straße, der in
◊ seinem schnellen Schlitten fast jeden Abend mit röhrendem Auspuff
zum Zigarettenautomaten an der Ecke fährt, den habe ich gestern
tatsächlich zu Fuß auf dem kurzen Weg getroffen.

Die Polizei meldet, daß auf der Autobahn, wenn sie mal nicht von
Ferienreisenden verstopft ist, im ganzen etwas langsamer gefahren
wird als sonst. Vorige Woche, als mir die hochsommerliche Kälte zu
sehr in die Knochen kroch, ging ich schon in den Keller, um die
Ölheizung anzustellen. Der Griff zum Schalter ist ja so bequem. Ich
hab's dann doch gelassen und mir einen Pullover aus dem Schrank
geholt.

Fangen wir wirklich an zu sparen? Fangen wir an, »energiebewußt«
zu leben? Der STERN wollte genau wissen, was bisher nur Gerücht
und Gemunkel war. Er ließ deshalb das Institut für Demoskopie
Allensbach die Bundesbürger befragen, wie sie's mit Strom und
Heizöl halten, mit Benzin, Diesel, Gas und Kohle.

Das Ergebnis: Die Westdeutschen nehmen das Energieproblem
sehr ernst, sie lassen sich aber davon nicht in Angst und Panik
versetzen. Sie wissen, daß sie gewisse Opfer bringen und
Einschränkungen auf sich nehmen müssen, und wollen dies auch
tun; sie machen sich aber kaum Gedanken darüber, daß
Energiemangel und Energiepreise ihr Leben wesentlich ändern und
den errungenen Lebensstandard gefährden könnten. Kurzum, sie
glauben, man werde das Problem schon irgendwie in den Griff     ◊
kriegen und wollen ihren Beitrag dazu leisten — aber bitte freiwillig
und nicht unter staatlichem Zwang, und allzu weh tun sollte es auch
nicht.

In nüchternen Zahlen: 84 Prozent der Bürger sind überzeugt, daß
es nötig ist, Energie zu sparen. Aber nur 33 Prozent fürchten, daß es
in absehbarer Zeit zu einer katastrophalen Energiekrise kommen
könnte, die zur Rationierung von Benzin, Heizöl und Strom in
Deutschland zwingt.

**Stern**

*auf Sparflamme* on a low light
*Schlitten* car (slang)
*in den Griff kriegen* to get under control

# Zukunftsprobleme

**Was glauben Sie, wird in den nächsten Jahren für die Bundesrepublik ein großes Problem sein?***

|  | ins-gesamt | Männer | Frauen | 16–29 Jahre | 30–44 Jahre | 45–59 Jahre | ab 60 Jahre |
|---|---|---|---|---|---|---|---|
| Daß die **Preise** immer mehr steigen | 81 | 78 | 84 | 76 | 80 | 85 | 84 |
| Daß die **Energieversorgung** gefährdet ist | 78 | 77 | 79 | 79 | 80 | 78 | 75 |
| Daß unsere **Umwelt** immer stärker gefährdet und zerstört wird | 68 | 70 | 66 | 70 | 69 | 69 | 65 |
| Daß bei uns die **Arbeitslosigkeit** zunimmt | 57 | 54 | 60 | 57 | 59 | 59 | 54 |
| Daß es zu einer weltweiten **Wirtschaftskrise** kommt | 55 | 58 | 52 | 50 | 57 | 57 | 55 |
| Daß die **Renten** nicht gesichert sind | 50 | 46 | 54 | 37 | 50 | 54 | 61 |
| Daß die Menschen immer **egoistischer** werden, jeder nur noch an sich selbst denkt | 49 | 44 | 53 | 39 | 46 | 53 | 59 |
| Daß zu wenig Kinder geboren werden, die **Bevölkerung** schrumpft | 49 | 47 | 51 | 43 | 45 | 49 | 60 |
| Daß die politischen Ziele immer häufiger mit Gewalt und **Terror** durchgesetzt werden | 48 | 49 | 46 | 42 | 43 | 48 | 57 |
| Daß der **Lebensstandard** sinkt, daß es uns wirtschaftlich schlechter gehen wird als heute | 39 | 40 | 39 | 34 | 38 | 41 | 44 |
| Daß die **Wissenschaft** unsere Welt so sehr verändert, daß wir nicht mehr damit fertig werden | 33 | 33 | 34 | 29 | 32 | 33 | 40 |
| Daß ein neuer **Weltkrieg** ausbrechen kann | 27 | 27 | 26 | 22 | 23 | 26 | 36 |

\* Die Antworten ergeben über 100 Prozent, weil die Befragten aus einem Kartenspiel von 12 Problem-Karten mehrere auswählen konnten.
**Stern**

# 10 Was tut sich in unserer Gesellschaft?

# Wollen wir mal tanzen, mein Herr?

Auf dem Tanzparkett hat sich, so scheint es, eine „stille Revolution" ereignet. Frauen finden es nicht mehr selbstverständlich, von den Männern aufgefordert zu werden. Und viele Männer lassen sich ihr altes Vorrecht gern nehmen. Von 100 Frauen und Männern sind heute 61 dafür, daß auch Frauen „zum Tanz bitten". Das ergab eine repräsentative Brigitte-Umfrage. Überraschend: Mehr Männer als Frauen stimmten zu. Hier einige Meinungsproben:

**69 Prozent aller Männer haben nichts gegen Damenwahl**

*Jens Seeburg, 23, Auszubildender:* Das kann man doch nur begrüßen. Ich wundere mich eigentlich, daß noch nicht alle Mädchen Männer auffordern. Die Mädchen sind heute doch gleichberechtigt! Für mich war es manchmal schon sehr angenehm und auch schmeichelhaft, wenn eine Frau von sich aus mit mir tanzte.
*Andreas Jensch, 14, Schüler:* Durften die Frauen das früher nicht? Dann war das ganz schön bescheiden für die.
*Dieter Müller, 59, Dipl.- Ing., verheiratet:* Im privaten Kreis habe ich mich längst daran gewöhnt und finde es auch

natürlich. In einem öffentlichen Lokal? Da ist mir das noch nicht passiert. Ich würde aber einer Dame einen Tanzwunsch nicht abschlagen. Ich halte nämlich was von Gleichberechtigung. Und Spaß kann es doch auch bringen.

*Gerd Hädrich, 60, Tanzschulen-Inhaber, im Ausschuß für Tanz-Umgangsformen*: Auf so eine Umfrage würde ich nicht allzuviel geben. Natürlich ist niemand dagegen — jedenfalls von den Jungen niemand. Wir gehen auch in den Tanzschulen auf die Entwicklung ein und sagen: „Jetzt mal die Mädchen." Aber den Mädchen sträubt sich da eigenartigerweise was. Sie tun's schon. Es ist ja „gleichberechtigt". Und harmlos ist es auch. Trotzdem: Sie arrangieren es, daß ein Bestimmter mit ihnen tanzt. Aber sie tun's noch immer nicht gern so direkt.

## Aber nur 54 Prozent aller Frauen sind dafür

*Anna Herzog, 15, Schülerin:* Ich finde es richtig, wenn Frauen Männer auffordern. Warum eigentlich sollen sie dasitzen und abwarten, wenn sie tanzen möchten? Es gibt ja auch schüchterne Männer, die sicher froh sind, wenn sie nicht immer auffordern müssen. Allerdings bin ich selber zu schüchtern, um einen Jungen aufzufordern. Ich finde es ganz gut, wenn nicht so streng nach Paaren getrennt getanzt wird — man braucht nicht aufzufordern und auch nicht auf eine Aufforderung zu warten.

*Gudrun Maler, 33, Redaktions-Assistentin*: Oft sind die Männer ja so faul. Da muß eine Frau schon ein Wort sagen, wenn sie tanzen will. Ums Tanzen allein geht es mir nämlich. Ich finde es deshalb auch gut, allein zu tanzen oder mit einer Frau.

*Inge Döpcke, 40, Sekretärin*: Ich finde es richtig, wenn Frauen sich ihre Tänzer selbst auswählen. Also tu ich es auch. Die meisten Männer finden es übrigens ganz gut, aufgefordert zu werden. Einen Korb habe ich ◊ allerdings auch schon mal gekriegt. Aber den müssen Männer ja auch riskieren.

Brigitte

*einen Korb kriegen* get the brush-off, get the cold shoulder

## Was habe ich in einem Emanzenlokal zu suchen?

Das Wahrzeichen über dem Eingang zu Münchens Frauenkneipe: eine nostalgisch gezeichnete Dame von mütterlicher Fülle. Warmherzig breitet sie ihre üppigen Arme aus, signalisiert unmißverständlich, daß „Frau" hier willkommen ist. Dennoch: An der Tür überfällt mich die Schwellenangst. „Nur für Frauen" steht da. Meine Erfahrungen mit gleichgeschlechtlichen Treffs oder feministischen Aktivitäten sind jedoch sehr bescheiden. Und überhaupt: Was habe ich — eine berufstätige Frau mit zwei Kindern und männlichem Dauerpartner — überhaupt in einem „Emanzenlokal" zu suchen?

## Vor der Tür protestierten die Männer

Ein winziger Zwischenfall wandelt mein beklommenes Gefühl, hier fehl am Platz zu sein, in Selbstsicherheit: Hinter mir steuern drei Männer auf die Kneipe zu. Sie lesen, stutzen, ziehen unter säuerlich-witzelndem Protest ab. Die Lautstärke ihrer Fröhlichkeit verrät leise Betroffenheit. Jetzt empfinde ich fast Genugtuung: Ich darf hier rein! Die Kneipe, täglich von 18 Uhr bis ein Uhr früh geöffnet, ist jetzt, 19 Uhr, fast leer. In der Küche klappern Teller und Töpfe. Die Frau hinter dem Tresen lächelt mich aufmunternd an. Ich setze mich an einen Vierertisch in der Nähe des altertümlichen Ofens und stecke meine Nase erst einmal in die Speisekarte. Eine kleine Auswahl von Standardgerichten, dazu zwei wechselnde Tagesgerichte auf einer schwarzen Tafel angezeigt. Alles sehr preiswert. Es gibt Deftiges ◊ (Schmalzbrot für eine Mark), aber auch einen Anflug von Alternativkost (Müsli mit Sahne, drei Mark). Zu trinken: Bier, Wein, Kaffee, Kräutertee, auch Sekt (ob der wohl jemals verlangt wird?). „Das Essen bestellst du bitte am Tresen und holst es dann selbst in der Küche ab'', sagt man mir. Hier soll keine Frau eine andere bedienen. Stumm verzehre Ich mein Vollkornbrot mit Käse (zwei Mark) und den großen gemischten Salat mit Kräutersoße (vier Mark). Nur tröpfelnd füllt sich die Kneipe. Ich fühle mich unbehaglich. Soll ich Löcher in die Luft starren? Aufstehen und mit anderen Frauen ein Gespräch beginnen? An zwei Tischen sitzen jeweils zwei Frauen, die Köpfe dicht zusammengesteckt. Da würde ich vielleicht stören. Und die Frau hinter dem Tresen ist beschäftigt: Telefon abnehmen, Musik auflegen (an diesem Abend die Mexikanerin Chavela Vargas). Ich rette mich in die für diese Situation geradezu klassische Lösung, gleich neben dem Eingang hole ich mir Lektüre. Zeitschriften aus der autonomen Frauenbewegung, Informationsblätter vom Münchner Frauenzentrum sind dort gestapelt. **Brigitte**

*Emanze* women's libber
*Schwellenangst* fear of going in
*fehl am Platz* out of place
*Schmalzbrot* bread and dripping

Die Kriminalpolizei warnt:
◊ Den Langfingern wird es viel zu leicht gemacht.
Viele Bestohlene verhalten sich leichtsinnig

# Für Taschendiebe ist immer Hochsaison

„Ich glaubte, ich werd' wahnsinnig. Eben stand meine Tasche noch vor meinen Füßen, und im nächsten Augenblick war sie weg, verschwunden — spurlos: mir blieb vor Schreck fast das Herz stehen." Die 18jährige Helga Bauer hatte im Karlsruher Bahnhof ihr Gepäck abgestellt – einen Koffer und eine Ledertasche –, um sich eine Fahrkarte zu kaufen. In dem Augenblick, als sie sich dem Schalter zuwandte, hatte ein Mann, der hinter dem Mädchen stand mit größter Selbstverständlichkeit die Ledertasche ergriffen und war mit ihr verschwunden. Niemand unter den Reisenden hatte den Kofferdieb bemerkt. Er war, zum Glück für Helga Bauer, nicht „echt". Die Bahnpolizei hatte den BUNTE-Reportern dabei „Schützenhilfe" geleistet. Und

so erhielt das Mädchen Helga ihre wertvolle Tasche wieder, die ihr im Ernstfall geklaut worden wäre. Denn, so die Polizei zur BUNTEN, Gepäckdiebstähle ereignen sich auf den großen Bahnhöfen täglich. Nur allzuoft machen achtlose Reisende den Dieben die „Arbeit" leicht.

„Langfinger" gibt es überall, nicht nur auf den Bahnhöfen. Sie arbeiten als raffinierte „Solisten" odor Teamwork: Das Opfer wird zunächst genau beobachtet. Wo es zum Beispiel nach einem Einkauf den Geldbeutel oder die Brieftasche hinsteckt. Dann tritt das Kollektiv, das präzise aufeinander eingespielt ist, in Aktion. Günstigster „Tatort" ist das Gedränge, auf Bahnhöfen, Flugplätzen, in öffentlichen Verkehrsmitteln, auf Sportplätzen und in Warenhäusern.

◊ Ein „Drängler" rempelt das Opfer an, der „Wandmacher" schirmt ab, während der „Zieher" mit einem raffinierten Scherengriff die Brieftasche mit dem Mittel- und dem Zeigefinger aus dem Jackett angelt und sie sofort dem Komplizen zureicht, der ebensoschnell mit seiner Beute verschwindet. Falls der Bestohlene überhaupt etwas merkt oder den Dieb verdächtigen sollte: Die Polizei wird nichts bei ihm finden.

Spezialisten unter den Langfingern arbeiten mitunter mit einer Rasierklinge: Mit ihr schneiden sie das Ende der Gesäßtasche von unten her auf, um dann den Geldbeutel – das Opfer wird in diesem Moment angerempelt – zu ziehen.

Das Bundeskriminalamt in Wiesbaden rät:

● Wenn Sie in ein Lokal kommen, wo Sie gemütlich ein Glas Bier oder Wein trinken wollen, so hängen Sie keinesfalls ihr Jackett hinter sich auf den Stuhl oder an einen Garderobenhaken.

● Wenn sie irgendwo parken: Überzeugen Sie sich, daß Ihr Wagen abgeschlossen ist und die Scheiben hochgedreht sind. Lassen Sie auf keinen Fall Wertgegenstände, Bekleidung oder Reiseutensilien nachts im Wagen auf einem unbewachten Parkplatz zurück.

● Taschendiebe lieben auch Scheckkarten. Bewahren Sie Scheckkarten oder Scheckformulare stets getrennt auf. Schreiben Sie ihre Nummern auf. Unterschreiben Sie einen Scheck erst dann, wenn Sie ihn ausgeben. Führen Sie keine Schecks mit Blankounterschrift ◊ bei sich.

● Männer sollten Geldbörsen nicht in den Gesäßtaschen aufbewahren. Hosentaschen sind sicherer!

● Frauen, die ihr Portemonnaie oben auf die Einkaufstasche legen und so ins Warenhaus gehen oder einen Einkaufsbummel machen, fordern Taschendiebe und auch solche, die es werden wollen, heraus.

**Bunte**

*„Langfinger"* thieves, pickpockets
*anrempeln* to jostle
*Scheck mit Blankounterschrift* a cheque
which is signed but which does not have
the amount of money filled in

## ◊ **Schön, schludrig und gefährlich**

Bei Produkten für Kinder
nehmen es die Firmen
nicht so genau: Jeder dritte
Artikel hat Mängel

Der sechsjährige Hans Wilke kam noch einmal mit dem Schrecken
davon. Beim Segeltörn auf dem Berliner Wannsee war der Kleine
über Bord gegangen, von den Eltern jedoch rasch wieder geborgen
worden. Sein Glück: Denn die Rettungsweste, die er trug, hätte ihn
nicht davor bewahrt, kräftig Wasser zu schlucken. Rettungswesten
für Kinder bieten im Ernstfall wenig Sicherheit, stellte die Stiftung
Warentest in ihrem jetzt veröffentlichten Bericht fest.
Damit nicht genug. Das Urteil, das die Berliner Prüfer nach
zehnjähriger Testtätigkeit über die meisten Produkte für Kinder
fallen, ist vernichtend. Jeder dritte Artikel sei „mangelhaft", „sehr
mangelhaft" oder verdiene gar die Beurteilung „Vom Kauf ist
abzuraten". Nur 16 Prozent der getesteten Konsumgüter für
Erwachsene werden dagegen derart schlecht bewertet.
So sind Rettungswesten für die Großen fast durchweg
einwandfrei. Von 13 getesteten Kinderwesten entsprach indessen
nicht eine den Vorschriften des Bundesverkehrsministeriums:
Mindestens acht Zentimeter soll der Abstand zwischen Wasser-
oberfläche und Atemorganen, die sogenannte Freibordhöhe,
betragen. Bei dem teuersten Testobjekt betrug der Abstand nur 3,5
cm, gemessen in ruhigem Wasser. Leicht gekräuselte See kann
daher schon den Tod bedeuten, wenn das Kind ohnmächtig ist und
nicht rechtzeitig geborgen wird. Die Kindergrößen hat man — so ein
Hersteller — ‚noch nicht in den Griff bekommen'.
Das gilt für sehr viele Produkte. Verkauft wird, „was geht",
weniger das, was dem Kind nützt, pädagogisch sinnvoll oder
technisch ausgereift ist.
Ahnungslos erwerben Eltern viele Dinge, die für die Kleinen oft
sogar gefährlich sind. Etwa Kinderhochstühle, die schon bei einem
leichten Stoß umkippen: schön anzusehende Kinderwagen, deren
Bremsen aber versagen: Schaukel- und Klettergeräte an denen sich
die Kinder leicht verletzen können; Fahrradsitze, die das Kind bei
einem Unfall herausschleudern lassen oder die so konstruiert sind,
daß die Kleinen mit den Füßen leicht in die Speichen geraten. Den
◊ TÜV würden auch viele Go-Karts nicht passieren. Achsen und
Radaufhängungen brachen im Dauertest. Ein Reifen löste sich auf,
weil die Naht platzte.

Manche Spielzeugwaren sind sogar lebensgefährlich.
Indianerpfeile etwa, von deren Spitzen sich die Saugnäpfe ◊
abnehmen lassen, verletzen Spielkameraden ebenso leicht wie
Pistolen, mit denen man auch harte und spitze Gegenstände
abschießen kann.

Stern

*Schludrig* shoddy
*TÜV* = *Technischer Überwachungs-*
*verein* proving the equivalent to the
British MOT test
*Saugnapf* sucker, disc

# „Die Fremden sind für uns eine Bedrohung"

## Gibt es intelligente Lebewesen auf anderen Planeten?

Anderthalb Millionen Arten von Lebewesen, die ausgestorbenen nicht gerechnet, hat die Erde hervorgebracht. Mit keiner allerdings ist der Mensch — außer daß er sich etwa der Bakterien zu erwehren sucht, dem Hund pfeift und Fleisch und Pflanzen ißt — in wechselseitige Beziehung gekommen.

Wie groß also ist die Chance, daß in dem Zufallsspiel Schöpfung sich anderwärts im Universum Intelligenzen entwickelt haben, die an Begegnungen mit Homo sapiens Interesse hätten? Oder wie groß ist das Risiko?

Träumen auch diese Unbekannten, wenn es sie gibt, von Brüdern im All? Würden sie unsere raumfahrende, kriegerische Zivilisation bewundern, fürchten oder hassen? Werden sie einst doch als Übermächtige landen — um den Erdlingen bambiäugig ◊ zuzulächeln wie die Superhirn-Kindchen aus „Unheimliche ◊ Begegnung"?

Ahnungsvolle Unruhe treibt nicht allein die Däniken-Fans, die Ufo-Freaks und Science-Fiction-Phantasten um. Seriöse Forscher prüfen seit geraumer Zeit, ob das sich fortzeugende Gewimmel auf der Erde tatsächlich nur eine vereinzelte, ins Monströse gewucherte Laune der Natur ist.

Es war immerhin ein Nobelpreisträger, Biochemie-Professor Joshua Lederberg, der den Begriff „Exobiologie" für die wissenschaftliche Suche nach außerirdischem Leben geprägt hat. Schon vor sechs Jahren trafen sich im armenischen Jerewan Abgesandte der terrestrischen Großmächte USA und UdSSR, um die Existenz fremder, ferner Wesen und die

Möflichkeit einer Kontakt-
aufnahme zu erörtern.

Der Mond ist tot, erkannten
spätestens die Apollo-
Astronauten. Mitte letzten Jahres
wurden dann die biologischen
Labors der amerikanischen
Viking-Roboter auf dem Mars
abgeschaltet — auch auf dem
erdähnlichsten der bekannten
Planeten war Leben nicht
gefunden worden.

Aber, so argumentiert der
Lederberg-Freund Dr Carl Sagan,
bislang habe der Mensch nur
seine engste Nachbarschaft zu
erkunden vermocht. Die
◊ Urzeugung jedoch sei ein
beinahe gesetzmäßiger
Vorgang, wie organische
Moleküle im kosmischen Staub
und in Meteoriten erwiesen
hätten; mithin habe sich Leben
in den äonenfernen Weiten aller
Wahrscheinlichkeit nach immer
und überall in unausdenkbaren
Spielarten bilden können.

Dafür, daß die Exobiologen
recht haben könnten, spricht die
große Fülle des Alls: Jede

zweite bis zwanzigste Sonne,
schätzen die Astronomen, hat
Planeten. Und in wohl jedem
Planetensystem werde ein
Himmelskörper der Entstehung
von Leben günstig sein — nach
heutigem Wissen aber gibt es
100 Millionen Billiarden Sterne.

Gäbe es Exoterristen, räumt
Sagan ein, so würden gewiß nur
die wenigsten von ihnen
Intelligenz entwickelt haben oder
gar technische Fähigkeiten.
Doch selbst einkalkuliert, daß
ihren Kulturen nur eine Dauer
von jeweils 100 bis 100 Millionen
Jahre beschieden wäre, müßte
es allein in der Milchstraße bis
zu eine Million Zivilisationen
geben, die sich interplanetarisch
verständigen könnten.

Dagegen freilich, daß die
Exobiologen ihre Hypothese bald
bestätigt finden, spricht die
große Leere des Alls: Die
nächsten sonnenähnlichen
Sterne, Epsilon Eridani und Tau
Ceti, sind elf Lichtjahre von der
Erde entfernt — mehr als 100
Billionen Kilometer.

**Der Spiegel**

*bambiäugig* wide-eyed
*Unheimliche Begegnung* the Spielberg
 film 'Close Encounters of the Third Kind'
*Urzeugung* spontaneous generation of
 living organisms.

# Gefahr
◊ **vom linken Flügel**

Weshalb vier Profi-Fußballern aus Mönchengladbach mit
◊ dem Verfassungsschutz gedroht wurde

Seinen Kopf wollte der Profi-Kicker Ewald Lienen nicht nur zum Toremachen gebrauchen. Deshalb hat er nachgedacht und einen Aufruf zur bundesweiten Demonstration gegen Berufsverbote unterschrieben. Und mit ihm drei Mannschafts-Kollegen von Borussia Mönchengladbach. Nun haben alle vier Kopfschmerzen.

Ewald Lienen spielt bei den Borussen im Sturm. Da hält er sich stets am linken Flügel auf. Jetzt scheint er auch privat auf diese Position gerückt zu sein, wie jedenfalls der Mönchengladbacher Ratsherr Werner Wolf zu wissen glaubt. Empört will der CDU-Mann seine Ehrenkarte für die Heimspiele der Borussia zurückgeben, denn „solchen Leuten kann man keinen Beifall mehr spenden".

Diese Leute, nämlich die Bundesligaspieler Lienen, Wolfgang Kneib, Horst Wohlers und Hans Klinkhammer, haben einen Aufruf des „Mönchengladbacher Komitees gegen die verfassungswidrigen Berufsverbote in der BRD" unterzeichnet. Unter den über hundert Unterschriften fand sich auch die des Gladbacher DKP-Vorsitzenden; „Werden die Borussen die Linksaußen der deutschen Fußballnation", sorgte sich die Lokalausgabe der „Rheinischen Post".

Auch Lienens Arbeitgeber war alarmiert. Dr. Helmut Beyer, der 1. Vorsitzende des Clubs, erschreckte Lienen mit der Nachricht: „Der Verfassungsschutz hat angerufen. Die haben mir empfohlen Ihnen mitzuteilen, daß Sie da eine gesteuerte Kampagne unterstützen, die der DKP nahesteht." Doch Lienen und seine drei Mitstreiter ließen sich nicht irritieren: „Ich stehe nicht links, ich fühle mich als Demokrat."

**Stern**

*vom linken Flügel* from the left wing
The subject-matter of the article is the
*Berufsverbot* (also called the
*Radikalenerlaß*) whereby those suspected
of holding extreme political views are
excluded from government employment.
This covers a whole range of occupations
from train driver to teacher. Many
opponents of the *Berufsverbot* have
claimed that it is unconstitutional
(*verfassungswidrig*).
*Verfassungsschutz = Bundesamt für
Verfassungsschutz*, which has the task of
protecting the constitution.

# Newspapers and magazines

Below are details of some of the newspaper and magazine sources from which articles in this book are taken. These notes are intended only as a general guideline to the style and content of the magazine or newspaper in question: they should not be regarded as a definitive survey or as an evaluation of the relative merits of the various sources.

**Bild-Zeitung** The best-selling German daily. Published in Hamburg. Launched in 1952 by Axel Springer, the 'press king' of Germany. Has a reputation for sensational pictorial presentation of news. Rather similar to the *Sun* or *Daily Star*. Circulation around 5 million.

**Süddeutsche Zeitung** Supraregional daily. Published in Munich. Regarded as one of the 'quality' German newspapers (along with *Die Welt* and the *Frankfurter Allgemeine*). Generally liberal in character. Circulation around 300,000.

**Der Spiegel** World-famous weekly news magazine. Renowned for its fearless and frequently controversial coverage of political and social issues. Language can often be rather idiosyncratic and difficult, even for Germans. Nearest equivalent in the English language would be the American magazine *Time*. Circulation around one million.

**Stern, Quick, Neue Revue, Bunte** 'Illustrierte' or glossy magazines, containing material of general leisure interest as well as coverage of important social and political questions. No real English equivalent, but *Stern* in particular is similar in style and presentation to *Paris-Match*.

**Brigitte, Frau im Spiegel** As their titles suggest, magazines aimed predominantly at female readers, containing articles of general interest and appeal to all readers.

**Das Neue Blatt, Neue Welt** General light reading magazines. Rather similar in style to *Weekend*.

**ADAC-Motorwelt** Magazine of the German Automobile Club. Similar to the AA's *Drive* magazine.

**Scala** International magazine published in various languages. Covers a wide range of topics.

# Summary of topics

This summary does not include advertisements or cartoons

## Pan languages

**Travellers' French**
**Travellers' German**
**Travellers' Italian**
**Travellers' Spanish**
**Travellers' Dutch**
**Travellers' Greek**
**Travellers' Portuguese**
**Travellers' Serbo-Croat** for Yugoslavia

A new series of *modern* phrase books developed from the results
of a nationwide Gallup survey of the needs of modern travellers abroad.
They will prove invaluable companions in any holiday or business
situation.
Special features include
- outstandingly clear and easy-to-use design
- specially prepared, simplified pronunciation
- helpful background information
- 'likely answers' sections
- unique section to help practice basic phrases

*plus* index, conversion tables, map, reference section.


## Companion Language Dictionaries

English – Français
English – Deutsch
English – Español
English – Italiano

French – Anglais
German – Englisch
Spanish – Inglés
Italian – Inglese

These pocket bilingual dictionaries have been especially designed for use by
both English *and* French, German, Spanish and Italian speakers and are suitable
for tourists, business travellers and students up to approximately O level. Each
dictionary contains about 10,000 headwords; each entry contains a minimum of
useful grammatical information such as gender of nouns, cases with German
verbs etc. There is a pronunciation guide to both the foreign language and
English headwords.

Price £1.95

## Pan Study Aids

Published jointly by Heinemann Educational Books and Pan Books

Pan Study Aids is a major new series developed to help school and college students prepare for examinations. All of the authors are experienced teachers/examiners at O level, School Certificate and equivalent examinations and authors of textbooks used in schools and colleges worldwide.

Each volume in the series:
- explains its subject and covers clearly and concisely and with excellent illustrations the essential points of the syllabus, drawing attention to common areas of difficulty and to areas which carry most marks in the exam
- gives guidance on how to plan revision, and prepare for the exam, outlining what examiners are looking for
- provides practice by including typical exam questions and exercises

### French
C. Beswick and P.J. Downes

### German
D. Shotter

### Spanish
D. Utley

Other titles available: Physics, Chemistry, Maths, Human Biology, English Language, Geography 1 & 2, Economics, Commerce, Accounts and Book-keeping, British Government and Politics, History 1 & 2, Effective Study Skills

## Reference and information

All these books are available at your local bookshop or newsagent, or can be ordered direct from the publisher. Indicate the number of copies required and fill in the form below

7

--------------------------------------------------------------------------------

Name_____
(Block letters please)

Address_____

_____

Send to Pan Books (CS Department), Cavaye Place, London SW10 9PG
Please enclose remittance to the value of the cover price plus:
35p for the first book plus 15p per copy for each additional book ordered
to a maximum charge of £1.25 to cover postage and packing
Applicable only in the UK

While every effort is made to keep prices low, it is sometimes
necessary to increase prices at short notice. Pan Books reserve
the right to show on covers and charge new retail prices which
may differ from those advertised in the text or elsewhere